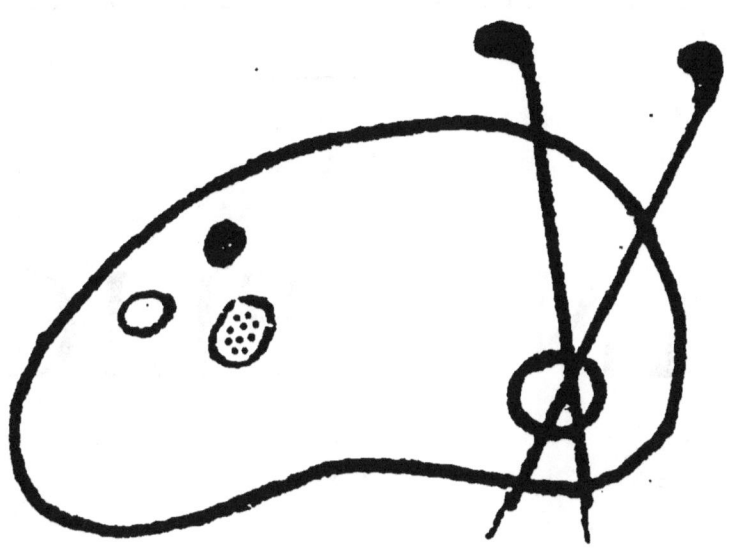

Couvertures supérieure et inférieure
en couleur

BIBLIOTHÈQUE NOUVELLE

2 francs le volume

ALEXANDRE DUMAS

LA
SAN FELICE

IV

DEUXIÈME ÉDITION

PARIS

MICHEL LÉVY FRÈRES, LIBRAIRES ÉDITEURS
RUE VIVIENNE, 2 BIS, ET BOULEVARD DES ITALIENS, 15
A LA LIBRAIRIE NOUVELLE

OUVRAGES PARUS
DANS LA BIBLIOTHÈQUE NOUVELLE
à **2** francs le volume

LA SAN FELICE
Par Alexandre Dumas............... 6 vol.
LE LIVRE DES FEMMES
Par la Comtesse Dash. — Nouvelle édition... 1 vol.
CONFESSIONS DE NINON LENCLOS
Publiées par E. de Mirecourt.— Nouvelle édit. 1 vol.
SCÈNES ET MENSONGES PARISIENS
Par Aurélien Scholl. — 2ᵉ édition........ 1 vol.
MÉMOIRES D'UN BAISER
Par Jules Noriac. 2ᵉ édition.......... 1 vol.
CONFESSIONS DE MARION DELORME
Publiées par E. de Mirecourt. — Nouv. édit. 3 vol.
LES FILLES D'ÈVE
Par Arsène Houssaye................ 1 vol.
LA ROSE BLANCHE
Par Auguste Maquet................ 1 vol.
LA TRAITE DES BLONDES
Par Amédée Achard................ 1 vol.
LA GORGONE
Par G. de La Landelle............... 2 vol.
LUCY LA BLONDE
Par Georges Bell................... 1 vol.
LA PÉCHERESSE
Par Arsène Houssaye............... 1 vol.
LA CAMORRA. — Mystères de Naples
Par Marc-Monnier.................. 1 vol.
JEANNE DE FLERS
Par Lardin et Mie d'Aghonne. — Nouvelle édit. 1 vol.
MARSEILLE ET LES MARSEILLAIS
Par Méry........................ 1 vol.
CONTES D'UNE NUIT D'HIVER
Par A. Michiels. — Nouvelle édition...... 1 vol.
LE BEAU D'ANGENNES
Par Auguste Maquet................ 1 vol.
LES DRAMES GALANTS
Par Alexandre Dumas............... 2 vol.
LE CAS DE M. GUÉRIN
Par Edmond About, 4ᵐᵉ édition....... 1 vol.

IMP. L. TOINON ET Cᵉ, A SAINT-GERMAIN.

LA SAN-FELICE

CHEZ LES MÊMES ÉDITEURS

OUVRAGES

D'ALEXANDRE DUMAS

Format grand in-18, à 3 fr. le volume :

THÉATRE COMPLET, tomes I à XII..................	12 vol.
LES GARIBALDIENS, révolutions de Sicile et de Naples...	1 —

Format grand in-18, à 2 fr. le volume :

L'ART ET LES ARTISTES CONTEMPORAINS au salon de 1859.	1 —
UNE AVENTURE D'AMOUR...........................	1 —
LES DRAMES GALANTS. — LA MARQUISE D'ESCOMAN......	2 —
DE PARIS A ASTRAKAN............................	3 —

POISSY. — TYP. DE A. BOURET.

LA
SAN-FELICE

PAR

ALEXANDRE DUMAS

TOME QUATRIÈME

DEUXIÈME ÉDITION

PARIS

MICHEL LÉVY FRÈRES, LIBRAIRES ÉDITEURS
RUE VIVIENNE, 2 BIS, ET BOULEVARD DES ITALIENS, 15
A LA LIBRAIRIE NOUVELLE
—
1865

Tous droits réservés

LA SAN-FELICE

LVI

LE RETOUR

Mack avait eu raison de craindre la rapidité des mouvements de l'armée française : déjà, dans la nuit qui avait suivi la bataille, les deux avant-gardes, guidées, l'une par Salvato Palmieri, l'autre par Hector Caraffa, avaient pris la route de Civita-Ducale, dans l'espérance d'arriver, l'une à Sora par Tagliacozzo et Capistrello, et l'autre à Ceprano par Tivoli, Palestrina, Valmontone et Ferentina, et de fermer ainsi aux Napolitains le défilé des Abruzzes.

Quant à Championnet, ses affaires une fois finies à Rome, il devait prendre la route de Velletri et de Terracina par les marais Pontins.

Au point du jour, après avoir fait donner à Lemoine et à Casabianca des nouvelles de la victoire de la veille, et leur avoir ordonné de marcher sur Civita-Ducale pour se réunir au corps d'armée de Macdonald et de Duhesme et prendre avec eux la route de Naples; il partit avec six mille hommes pour rentrer à Rome, fit vingt-cinq milles dans sa journée, campa à la Storta, et, le lendemain, à huit heures du matin, se présenta à la porte du Peuple, rentra dans Rome au bruit des salves de joie que tirait le château Saint-Ange, prit la rive gauche du Tibre et regagna le palais Corsini, où, comme le lui avait promis le baron de Riescach, il retrouva chaque chose à la place où il l'avait laissée.

Le même jour, il fit afficher cette proclamation :

« Romains !

» Je vous avais promis d'être de retour à Rome avant vingt jours ; je vous tiens parole, j'y rentre le dix-septième.

» L'armée du despote napolitain a osé présenter le combat à l'armée française.

» Une seule bataille a suffi pour l'anéantir, et, du haut de vos remparts, vous pouvez voir fuir ses débris vers Naples, où les précéderont nos légions victorieuses.

» Trois mille morts et cinq mille blessés étaient couchés hier sur le champ de bataille de Civita-Castellana; les morts auront la sépulture honorable du soldat tué sur le champ de bataille, c'est-à-dire le champ de bataille lui-même; les blessés seront traités comme des frères; tous les hommes ne le sont-ils pas aux yeux de l'Éternel qui les a créés!

» Les trophées de notre victoire sont cinq mille prisonniers, huit drapeaux, quarante-deux pièces de canon, huit mille fusils, toutes les munitions, tous les bagages, tous les effets de campement et enfin le trésor de l'armée napolitaine.

» Le roi de Naples est en fuite pour regagner sa capitale, où il rentrera honteusement, accompagné des malédictions de son peuple et du mépris du monde.

» Encore une fois, le Dieu des armées a béni notre cause. — Vive la République!

» CHAMPIONNET. »

Le même jour, le gouvernement républicain était rétabli à Rome; les deux consuls Mattei et Zaccalone, si miraculeusement échappés à la mort, avaient repris leur poste, et, sur l'emplacement du tombeau de Duphot, détruit, à la honte de l'humanité, par la population romaine, on éleva un sarcophage où, à défaut de ses nobles restes jetés aux chiens, on inscrivit son glorieux nom.

Ainsi que l'avait dit Championnet, le roi de Naples avait fui; mais, comme certaines parties de ce caractère étrange resteraient inconnues à nos lecteurs, si nous nous contentions, comme Championnet dans sa proclamation, d'indiquer le fait, nous leur demanderons la permission de l'accompagner dans sa fuite.

A la porte du théâtre Argentina, Ferdinand avait trouvé sa voiture et s'était élancé dedans avec Mack, en criant à d'Ascoli d'y monter après eux.

Mack s'était respectueusement placé sur le siége de devant.

— Mettez-vous au fond, général, lui dit le roi ne pouvant pas renoncer à ses habitudes de raillerie, et ne songeant pas qu'il se raillait lui-même; il me paraît que vous allez avoir assez de chemin à faire à reculons, sans commencer avant que la chose soit absolument nécessaire.

Mack poussa un soupir et s'assit près du roi.

Le duc d'Ascoli prit place sur le devant.

On toucha au palais Farnèse; un courrier était arrivé de Vienne apportant une dépêche de l'empereur d'Autriche; le roi l'ouvrit précipitamment et lut :

« Mon très-cher frère, cousin, oncle, beau-père, allié et confédéré,

» Laissez-moi vous féliciter bien sincèrement sur le succès de vos armes et sur votre entrée triomphale à Rome... »

Le roi n'alla pas plus loin.

— Ah! bon! dit-il, en voilà une qui arrive à propos.

Et il remit la dépêche dans sa poche.

Puis, regardant autour de lui :

— Où est le courrier qui a apporté cette lettre?. demanda-t-il.

— Me voici, sire, fit le courrier en s'approchant.

— Ah! c'est toi, mon ami? Tiens voilà pour ta peine, dit le roi en lui donnant sa bourse.

— Votre Majesté me fera-t-elle l'honneur de me donner une réponse pour mon auguste souverain.

— Certainement; seulement, je te la donnerai verbale, n'ayant pas le temps d'écrire. N'est-ce pas, Mack, que je n'ai pas le temps?

Mack baissa la tête.

— Peu importe, dit le courrier; je peux répondre à Votre Majesté que j'ai bonne mémoire.

— De sorte que tu es sûr de rapporter à ton auguste souverain ce que je vais te dire?

— Sans y changer une syllabe.

— Eh bien, dis-lui de ma part, entends-tu bien? de ma part...

— J'entends, sire.

— Dis-lui que son frère et cousin, oncle et beau-père, allié et confédéré le roi Ferdinand est un âne.

Le courrier recula effrayé.

— N'y change pas une syllabe, reprit le roi, et tu auras dit la plus grande vérité qui soit jamais sortie de ta bouche.

Le courrier se retira stupéfié.

— Et maintenant, dit le roi, comme j'ai dit à Sa Majesté l'empereur d'Autriche tout ce que j'avais à lui dire, partons.

— J'oserai faire observer à Votre Majesté, dit Mack, qu'il n'est pas prudent de traverser la plaine de Rome en voiture.

— Et comment voulez-vous que je la traverse? A pied?

— Non, mais à cheval.

— A cheval! Et pourquoi cela, à cheval?

— Parce qu'en voiture, Votre Majesté est obligée de suivre les routes, tandis qu'à cheval, au besoin, Votre Majesté peut prendre à travers les terres; excellent cavalier comme est Votre Majesté, et montée sur un bon cheval, elle n'aura point à craindre les mauvaises rencontres.

— Ah ! *malora !* s'écria le roi, on peut donc en faire ?

— Ce n'est pas probable ; mais je dois faire observer à Votre Majesté que ces infâmes jacobins ont osé dire que, si le roi tombait entre leurs mains...

— Eh bien ?

— Ils le pendraient au premier réverbère venu si c'était dans la ville, au premier arbre rencontré si c'était en plein champ.

— *Fuimmo,* d'Ascoli ! *fuimmo !...* Que faites-vous donc là-bas, vous autres fainéants ? Deux chevaux ! deux chevaux ! les meilleurs ! C'est qu'ils le feraient comme ils le disent, les brigands ! Cependant, nous ne pouvons pas aller jusqu'à Naples à cheval ?

— Non, sire, répondit Mack ; mais, à Albano, vous prendrez la première voiture de poste venue.

— Vous avez raison. Une paire de bottes ! Je ne peux pas courir la poste en bas de soie. Une paire de bottes ! Entends-tu, drôle ?

Un valet de pied se précipita par les escaliers et revint avec une paire de longues bottes.

Ferdinand mit ses bottes dans la voiture, sans plus s'inquiéter de son ami d'Ascoli que s'il n'existait pas.

Au moment où il achevait de mettre sa seconde botte, on amena les deux chevaux.

— A cheval, d'Ascoli! à cheval! dit Ferdinand. Que diable fais-tu donc dans le coin de la voiture? Je crois, Dieu me pardonne, que tu dors!

— Dix hommes d'escorte, cria Mack, et un manteau pour Sa Majesté!

— Oui, dit le roi montant à cheval, dix hommes d'escorte et un manteau pour moi.

On lui apporta un manteau de couleur sombre dans lequel il s'enveloppa.

Mack monta lui-même à cheval.

— Comme je ne serai rassuré que quand je verrai Votre Majesté hors des murs de la ville, je demande à Votre Majesté la permission de l'accompagner jusqu'à la porte San-Giovanni.

— Est-ce que vous croyez que j'ai quelque chose à craindre dans la ville, général?

— Supposons... ce qui n'est pas supposable...

— Diable! fit le roi; n'importe, supposons toujours.

— Supposons que Championnet ait eu le temps de faire prévenir le commandant du château Saint-Ange, et que les jacobins gardent les portes.

— C'est possible, cria le roi, c'est possible; partons.

— Partons, dit Mack.

— Eh bien, où allez-vous, général?

— Je vous conduis, sire, à la seule porte de la ville par laquelle on ne supposera jamais que vous sortiez, attendu qu'elle est justement à l'opposé de la porte de Naples ; je vous conduis à la porte du Peuple, et, d'ailleurs, c'est la plus proche d'ici ; ce qui nous importe, c'est de sortir de Rome le plus promptement possible ; une fois hors de Rome, nous faisons le tour des remparts, et, en un quart d'heure, nous sommes à la porte San-Giovanni.

— Il faut que ces coquins de Français soient de bien rusés démons, général, pour avoir battu un gaillard aussi fin que vous.

On avait fait du chemin pendant ce dialogue, et l'on était arrivé à l'extrémité de Ripetta.

Le roi arrêta le cheval de Mack par la bride.

— Holà ! général, dit-il, qu'est-ce que c'est que tous ces gens-là qui rentrent par la porte du Peuple ?

— S'ils avaient eu le temps matériel de faire trente milles en cinq heures, je dirais que ce sont les soldats de Votre Majesté qui fuient.

— Ce sont eux, général ! ce sont eux ! Ah ! vous ne les connaissez pas, ces gaillards-là ; quand il s'agit de se sauver, ils ont des ailes aux talons.

Le roi ne s'était pas trompé, c'était la tête des fuyards qui avaient fait un peu plus de deux lieues à l'heure, et qui commençaient à rentrer dans Rome.

Le roi mit son manteau sur ses yeux et passa au milieu d'eux sans être reconnu.

Une fois hors de la ville, la petite troupe se jeta à droite, suivit l'enceinte d'Aurélien, dépassa la porte San-Lorenzo, puis la porte Maggiore, et enfin arriva à cette fameuse porte San-Giovanni, où le roi, seize jours auparavant, avait en si grande pompe reçu les clefs de la ville.

— Et maintenant, dit Mack, voici la route, sire; dans une heure, vous serez à Albano; à Albano, vous êtes hors de tout danger.

— Vous me quittez, général?

— Sire, mon devoir était de penser au roi avant tout; mon devoir est maintenant de penser à l'armée.

— Allez, et faites de votre mieux; seulement, quoi qu'il arrive, je désire que vous vous rappeliez que ce n'est pas moi qui ai voulu la guerre et qui vous ai dérangé de vos affaires, si vous en aviez à Vienne, pour vous faire venir à Naples.

— Hélas! c'est bien vrai, sire, et je suis prêt à rendre témoignage que c'est la reine qui a tout fait. Et maintenant, que Dieu garde Votre Majesté!

Mack salua le roi et mit son cheval au galop, reprenant la route par laquelle il était venu.

— Et toi, murmura le roi en enfonçant les éperons dans le ventre de son cheval et en le lançant à fond de train sur la route d'Albano, et toi, que le diable t'emporte, imbécile !

On voit que, depuis le jour du conseil d'État, le roi n'avait pas changé d'opinion sur le compte de son général en chef.

Quelques efforts que fissent les dix hommes de l'escorte pour suivre le roi et le duc d'Ascoli, les deux illustres cavaliers étaient trop bien montés, et Ferdinand, qui réglait le pas, avait trop grand'peur, pour qu'ils ne fussent pas bientôt distancés ; d'ailleurs, il faut dire qu'avec la confiance qu'avait Ferdinand dans ses sujets, il ne regardait point — en supposant que quelque danger l'attendît sur cette route — l'escorte comme d'un secours bien efficace, et, lorsque le roi et son compagnon arrivèrent à la montée d'Albano, il y avait déjà longtemps que les dix cavaliers étaient revenus sur leurs pas.

Tout le long de la route, le roi avait eu des terreurs paniques. S'il y a un endroit au monde qui présente, la nuit surtout, des aspects fantastiques, c'est la campagne de Rome, avec ses aqueducs brisés qui semblent des files de géants marchant dans les ténèbres, ses tombeaux qui se dressent tout à coup, tantôt à droite, tantôt à gauche de la route, et ces bruits mystérieux qui semblent les lamentations des ombres qui les ont habités. A chaque instant, Ferdinand rapprochait son cheval de son compagnon et, rassemblant les rênes de sa monture pour être prêt à lui faire franchir le fossé, lui demandait : « Vois-tu, d'Ascoli ?... » Entends-tu, d'Ascoli ? » Et d'Ascoli, plus calme que le roi, parce qu'il était plus brave, regardait et répondait : « Je ne vois rien, sire ; » écoutait et répondait : « Sire, je n'entends rien. » Et Ferdinand, avec son cynisme ordinaire, ajoutait :

— Je disais à Mack que je n'étais pas sûr d'être brave ; eh bien, maintenant, je suis fixé à ce sujet : décidément, je ne le suis pas.

On arriva ainsi à Albano ; les deux fugitifs avaient mis une heure à peine pour venir de Rome ; il était minuit, à peu près ; toutes les portes étaient fermées, celle de la poste comme les autres.

Le duc d'Ascoli la reconnut à l'inscription écrite au-dessus de la porte, descendit de cheval et frappa à grands coups.

Le maître de poste, qui était couché depuis trois heures, vint, comme d'habitude, ouvrir de mauvaise humeur et en grognant ; mais d'Ascoli prononça ce mot magique qui ouvrit toutes les portes :

— Soyez tranquille, vous serez bien payé.

La figure du maître de poste se rasséréna aussitôt.

— Que faut-il servir à Leurs Excellences? demanda-t-il.

— Une voiture, trois chevaux de poste et un postillon qui conduise rondement, dit le roi.

— Leurs Excellences vont avoir tout cela dans un quart d'heure, dit l'hôte.

Puis, comme il commençait de tomber une pluie fine :

— Ces messieurs entreront bien, en attendant, dans ma chambre?

— Oui, oui, dit le roi, qui avait son idée, tu as raison. Une chambre, une chambre tout de suite !

— Et que faut-il faire des chevaux de Leurs Excellences?

— Mets-les à l'écurie; on viendra les reprendre de ma part, de la part du duc d'Ascoli, tu entends?

— Oui, Excellence.

Le duc d'Ascoli regarda le roi.

— Je sais ce que je dis, fit Ferdinand; allons toujours, et ne perdons pas de temps.

L'hôte les conduisit à une chambre où il alluma deux chandelles.

— C'est que je n'ai qu'un cabriolet, dit-il.

— Va pour un cabriolet, s'il est solide.

— Bon ! Excellence, avec lui on irait en enfer.

— Je ne vais qu'à moitié chemin, ainsi tout est pour le mieux.

— Alors, Leurs Excellences m'achètent mon cabriolet?

— Non ; mais elles te laissent leurs deux chevaux, qui valent quinze cents ducats, imbécile !

— Alors, les chevaux sont pour moi ?

— Si on ne te les réclame pas. Si on te les réclame, on te payera ton cabriolet ; mais fais vite, voyons.

— Tout de suite, Excellence.

Et l'hôte, qui venait de voir le roi sans manteau, et tout chamarré d'ordres, se retira à reculons et en saluant jusqu'à terre.

— Bon ! dit le duc d'Ascoli, nous allons être servis à la minute, les cordons de Votre Majesté ont fait leur effet.

— Tu crois, d'Ascoli ?

— Votre Majesté l'a bien vu, peu s'en est fallu que notre homme ne sortît à quatre pattes.

— Eh bien, mon cher d'Ascoli, dit le roi de sa voix la plus caressante, tu ne sais pas ce que tu vas faire ?

— Moi, sire ?

— Mais non, dit le roi, tu ne voudrais point, peut-être...

— Sire ! dit d'Ascoli gravement, je voudrai tout ce que voudra Votre Majesté.

— Oh ! je sais bien que tu m'es dévoué, je sais bien que tu es mon unique ami, je sais bien que tu es le seul homme auquel je puisse demander une pareille chose.

— C'est difficile?

— Si difficile, que, si tu étais à ma place et que je fusse à la tienne, je ne sais pas si je ferais pour toi ce que je vais te demander de faire pour moi.

— Oh! sire, ceci n'est point une raison, répondit d'Ascoli avec un léger sourire.

— Je crois que tu doutes de mon amitié, dit le roi, c'est mal.

— Ce qui importe en ce moment, sire, répliqua le duc avec une suprême dignité, c'est que Votre Majesté ne doute pas de la mienne.

— Oh! quand tu m'en auras donné cette preuve-là, je ne douterai plus de rien, je t'en réponds.

— Quelle est cette preuve, sire? Je ferai observer à Votre Majesté qu'elle perd beaucoup de temps à une chose probablement bien simple.

— Bien simple, bien simple, murmura le roi; enfin, tu sais de quoi ont osé me menacer ces brigands de jacobins?

— Oui : de pendre Votre Majesté, si elle tombait entre leurs mains.

— Eh bien, mon cher ami, eh bien, mon cher d'Ascoli, il s'agit de changer d'habit avec moi.

— Oui, dit le duc, afin que, si les jacobins nous prennent...

— Tu comprends : s'ils nous prennent, croyant que tu es le roi, ils ne s'occuperont que de toi ; moi, pendant ce temps-là, je me défilerai, et, alors, tu te feras reconnaître, et, sans avoir couru un grand danger, tu auras la gloire de sauver ton souverain. Tu comprends?

— Il ne s'agit point du danger plus ou moins grand que je courrai, sire; il s'agit de rendre service à Votre Majesté.

Et le duc d'Ascoli, ôtant son habit et le présentant au roi, se contenta de dire :

— Le vôtre, sire!

Le roi, si profondément égoïste qu'il fût, se sentit cependant touché de ce dévouement; il prit le duc entre ses bras et le serra contre son cœur ; puis, ôtant son propre habit, il aida le duc à le passer, avec la dextérité et la prestesse d'un valet de chambre expérimenté, le boutonnant du haut en bas, quelque chose que pût faire d'Ascoli pour l'en empêcher.

— La! dit le roi; maintenant, les cordons.

Il commença par lui mettre au cou celui de Saint-Georges-Constantinien.

— Est-ce que tu n'es pas commandeur de Saint-Georges? demanda le roi.

— Si fait, sire, mais sans commanderie; Votre Majesté avait toujours promis d'en fonder une pour moi et pour les ainés de ma famille.

— Je la fonde, d'Ascoli, je la fonde, avec une rente de quatre mille ducats, tu entends?

— Merci, sire.

— N'oublie pas de m'y faire penser; car, moi, je serais capable de l'oublier.

— Oui, dit le duc avec un petit sentiment d'amertume, Votre Majesté est fort distraite, je sais cela.

— Chut! ne parlons pas de mes défauts dans un pareil moment; ce ne serait pas généreux. Mais tu as le cordon de Marie-Thérèse, au moins?

— Non, sire, je n'ai pas cet honneur.

— Je te le ferai donner par mon gendre, sois tranquille. Ainsi, mon pauvre d'Ascoli, tu n'as que Saint-Janvier?

— Je n'ai pas plus Saint-Janvier que Marie-Thérèse, sire.

— Tu n'as pas Saint-Janvier?

— Non, sire.

— Tu n'as pas Saint-Janvier? *Cospetto!* mais c'est une honte. Je te le donne, d'Ascoli; je te donne celui-là avec la plaque qui est à l'habit, tu l'as bien gagné. Comme il te va bien, l'habit! on dirait qu'il a été fait pour toi.

— Votre Majesté n'a peut-être pas remarqué que la plaque est en diamants?

— Si fait.

— Qu'elle vaut six mille ducats peut-être?

— Je voudrais qu'elle en valût dix mille.

Le roi passa à son tour l'habit du duc, auquel était attachée, en effet, la seule plaque en argent de Saint-Georges, et le boutonna lestement.

— C'est singulier, dit-il, comme je suis à l'aise dans ton habit, d'Ascoli; je ne sais pas pourquoi, mais l'autre m'étouffait. Ah!...

Et le roi respira à pleine poitrine.

En ce moment, on entendit le pas du maître de poste qui s'approchait de la chambre.

Le roi saisit le manteau et s'apprêta à le passer sur les épaules du duc.

— Que fait donc Votre Majesté? s'écria d'Ascoli.

— Je vous mets votre manteau, sire.

— Mais je ne souffrirai jamais que Votre Majesté...

— Si fait, tu le souffriras, morbleu!

— Cependant, sire...

— Silence!

Le maître de poste entra.

— Les chevaux sont à la voiture de Leurs Excellences, dit-il.

Puis il demeura étonné; il lui sembla qu'il s'était

fait entre les deux voyageurs un changement dont il ne se rendait pas bien compte, et que l'habit brodé avait changé de dos et les cordons de poitrine.

Pendant ce temps, le roi drapait le manteau sur les épaules de d'Ascoli.

— Son Excellence, dit le roi, pour ne pas être dérangée pendant la route, voudrait payer les postes jusqu'à Terracine.

— Rien de plus facile, dit le maître de poste : nous avons huit postes un quart; à deux francs par cheval, c'est treize ducats; deux chevaux de renfort à deux francs, un ducat; — quatorze ducats. — Combien Leurs Excellences payent-elles leurs postillons?

— Un ducat, s'ils marchent bien ; seulement, nous ne payons pas d'avance les postillons, attendu qu'ils ne marcheraient pas s'ils étaient payés.

— Avec un ducat de guides, dit le maître de poste s'inclinant devant d'Ascoli, Votre Excellence doit marcher comme le roi.

— Justement, s'écria Ferdinand, c'est comme le roi que Son Excellence veut marcher.

— Mais il me semble, dit le maître de poste, s'adressant toujours à d'Ascoli, que, si Son Excellence est aussi pressée que cela, on pourrait envoyer un courrier en avant pour faire préparer les chevaux.

—Envoyez, envoyez! s'écria le roi. Son Excellence

n'y pensait pas. Un ducat pour le courrier, un demi-ducat pour le cheval, c'est quatre ducats de plus pour le cheval ; quatorze et quatre, dix-huit ducats ; en voici vingt. La différence sera pour le dérangement que nous avons causé dans votre hôtel.

Et le roi, fouillant dans la poche du gilet du duc, paya avec l'argent du duc, riant du bon tour qu'il lui faisait.

L'hôte prit une chandelle et éclaira d'Ascoli, tandis que Ferdinand, plein de soins, lui disait :

— Que Votre Excellence prenne garde, il y a ici un pas ; que Votre Excellence prenne garde, il y a une marche qui manque à l'escalier ; que Votre Excellence prenne garde, il y a un morceau de bois sur son chemin.

En arrivant à la voiture, d'Ascoli, par habitude sans doute, se rangea pour que le roi montât le premier.

— Jamais, jamais, s'écria le roi en s'inclinant et en mettant le chapeau à la main. Après Votre Excellence.

D'Ascoli monta le premier et voulut prendre la gauche.

— La droite, Excellence, la droite, dit le roi ; c'est déjà trop d'honneur pour moi de monter dans la même voiture que Votre Excellence.

Et, montant après le duc, le roi se plaça à sa gauche.

En un tour de main, un postillon avait sauté à cheval et avait lancé la voiture au galop dans la direction de Velletri.

— Tout est payé jusqu'à Terracine, excepté le postillon et le courrier, cria le maître de poste.

— Et Son Excellence, dit le roi, paye doubles guides.

Sur cette séduisante promesse, le postillon fit claquer son fouet, et le cabriolet partit au galop, dépassant des ombres que l'on voyait se mouvoir aux deux côtés du chemin avec une extraordinaire vélocité.

Ces ombres inquiétèrent le roi.

— Mon ami, demanda-t-il au postillon, quels sont donc ces gens qui font même route que nous et qui courent comme des dératés?

— Excellence, répondit le postillon, il paraît qu'il y a eu aujourd'hui une bataille entre les Français et les Napolitains, et que les Napolitains ont été battus; ces gens-là sont des gens qui se sauvent.

— Par ma foi, dit le roi à d'Ascoli, je croyais que nous étions les premiers; nous sommes distancés. C'est humiliant. Quels jarrets vous ont ces gaillards-là! Six francs de guides, postillon, si vous les dépassez.

LVII

LES INQUIÉTUDES DE NELSON

Tandis que, sur la route d'Albano à Velletri, le roi Ferdinand luttait de vitesse avec ses sujets, la reine Caroline, qui ne connaissait encore que les succès de son auguste époux, faisait, selon ses instructions, chanter des *Te Deum* dans toutes les églises et des cantates dans tous les théâtres. Chaque capitale, Paris, Vienne, Londres, Berlin, a ses poëtes de circonstance; mais, nous le disons hautement, à la gloire des muses italiennes, nul pays, sous le rapport de la louange rhythmée, ne peut soutenir la comparaison avec Naples. Il semblait que, depuis le départ du roi et surtout depuis ses succès, leur véritable vocation se fût tout à coup révélée à deux ou trois mille poëtes. C'était une pluie d'odes, de cantates, de sonnets, d'acrostiches, de quatrains, de distiques qui, déjà montée à l'averse, menaçait de tourner au déluge; la chose était arrivée à ce point que, jugeant inutile d'occuper le poëte officiel de la cour, le signor Vacca, à un travail auquel tant d'autres paraissaient s'être voués, la reine l'avait fait venir à Caserte, lui donnant la charge de choisir entre les deux ou trois cents pièces de vers qui arrivaient chaque jour de tous les quartiers de Naples, les dix ou douze élucubrations poétiques qui mériteraient d'être lues au théâtre, quand il y avait soirée extraordinaire au château, et dans le salon, quand il y avait simple raout. Seulement, par une juste décision de Sa Majesté, comme il avait été reconnu qu'il est plus fatigant de lire dix ou douze mille vers par jour que d'en faire cinquante et même cent, — ce qui, vu la commodité qu'offre la langue italienne pour ce genre de travail, était le minimum et le maximum fixé au louangeur patenté de Sa Majesté Ferdinand IV — on avait, pour tout le temps que durerait cette recrudescence de poésie et ce travail auquel il pouvait se refuser, doublé les appointements du signor Vacca.

La journée du 9 décembre 1789 avait fait époque au milieu des laborieuses journées qui l'avaient précédée. Il signor Vacca avait dépouillé un total de neuf cent pièces différentes, dont cent cinquante odes, cent cantates, trois cent vingt sonnets, deux cent quinze acrostiches, quarante-huit quatrains et soixante-quinze distiques. Une cantate, dont le maître de chapelle Cimarosa avait fait immédiatement la musique, quatre sonnets, trois acrostiches, un quatrain et deux distiques avaient été jugés dignes de la lecture dans la salle de spectacle du château de Caserte, où il y avait eu, dans cette même soirée du 9 décembre, représentation extraordinaire; cette représentation se composait des *Horaces* de Dominique Cimarosa. et de l'un des trois cents ballets qui ont été composés en Italie sous le titre des *Jardins d'Armide*.

On venait de chanter la cantate, de déclamer les deux odes, de lire les quatre sonnets, les trois acrostiches, le quatrain et les deux distiques dont se composait le bagage poétique de la soirée, et cela au milieu des six cents spectateurs que peut contenir la salle, lorsqu'on annonça qu'un courrier venait d'arriver, apportant à la reine une lettre de son auguste époux, laquelle lettre, contenant des nouvelles du *théâtre de la guerre*, allait être communiquée à l'assemblée.

On battit des mains, on demanda avec rage lecture de la lettre, et le sage chevalier Ubalde, qui se tenait prêt à dissiper, au petit sifflement de sa baguette d'acier, les monstres qui gardent les approches du palais d'Armide, fut chargé de faire connaître au public le contenu du royal billet.

Il s'approcha couvert de son armure, portant sur son casque un panache rouge et blanc, couleurs nationales du royaume des Deux-Siciles, salua trois fois, baisa respectueusement la signature; puis, à haute et intelligible voix, il donna lecture aux spectateurs de la lettre suivante :

« Ma très-chère épouse,

» J'ai été chasser ce matin à Corneto, où l'on avait préparé pour moi des fouilles de tombeaux étrusques que l'on prétend remonter à l'antiquité la plus reculée, ce qui eût été une grande fête pour sir William, s'il n'avait pas eu la paresse de rester à Naples; mais, comme j'ai, à Cumes, à Sant' Agata-dei-Goti et à Nola, des tombeaux bien autrement vieux que leurs tombeaux étrusques, j'ai laissé mes savants fouiller tout à leur aise et j'ai été droit à mon rendez-vous de chasse.

» Pendant tout le temps qu'a duré cette chasse, bien autrement fatigante et bien moins giboyeuse que mes chasses de Persano ou d'Astroni, puisque je n'y ai tué que trois sangliers, dont un, en récompense, qui m'a éventré trois de mes meilleurs chiens, pesait plus de deux cents rottoli, nous avons entendu le canon du côté de Civita-Castellana : c'était Mack qui était occupé à battre les Français au point précis où il nous avait annoncé qu'il les battrait; ce qui fait, comme vous le voyez, le plus grand honneur à sa science stratégique. A trois heures et demie, au moment où j'ai quitté la chasse pour revenir à Rome, le bruit du canon n'avait pas encore cessé; il paraît que les Français se défendent, mais cela n'a rien d'inquiétant, puisqu'ils ne sont que huit mille et que Mack a quarante mille soldats.

» Je vous écris, ma chère épouse et maîtresse, avant de me mettre à table. On ne m'attendait qu'à sept heures, et je suis arrivé à six heures et demie ; ce qui fait que, quoique j'eusse une grande faim, je n'ai point trouvé mon dîner prêt et suis forcé d'attendre; mais, vous le voyez, j'utilise agréablement ma demi-heure en vous écrivant.

» Après le dîner, j'irai au théâtre Argentina, où j'entendrai *il Matrimonio segreto*, et où j'assisterai à un ballet composé en mon honneur. Il est intitulé *l'Entrée d'Alexandre à Babylone*. Ai-je besoin de vous dire, à vous qui êtes l'instruction en personne, que c'est une allusion délicate à mon entrée à Rome? Si ce ballet est tel qu'on me l'assure, j'enverrai celui qui l'a composé à Naples pour le monter au théâtre Saint-Charles.

» J'attends dans la soirée la nouvelle d'une grande

victoire ; je vous enverrai un courrier aussitôt que je l'aurai reçue.

» Sur ce, n'ayant point autre chose à vous dire que de vous souhaiter, à vous et à nos chers enfants, une santé pareille à la mienne, je prie Dieu qu'il vous ait dans sa sainte et digne garde.

» Ferdinand B. »

Comme on le voit, la partie importante de la lettre disparaissait complétement sous la partie secondaire ; il y était beaucoup plus question de la chasse au sanglier qu'avait faite le roi, que de la bataille qu'avait livrée Mack. Louis XIV, dans son orgueil autocratique, a dit le premier : *L'État, c'est moi ;* mais cette maxime, même avant qu'elle fût matérialisée par Louis XIV, était déjà, comme elle l'a été depuis, celle de toutes les royautés despotiques.

Malgré son vernis d'égoïsme, la lettre de Ferdinand produisit l'effet que la reine en attendait, et nul ne fut assez hardi dans son opposition pour ne point partager l'espérance de Sa Majesté quant au résultat de la bataille.

Le ballet fini, le théâtre évacué, les lumières éteintes, les invités remontés dans les voitures qui devaient les ramener ou les disséminer dans les maisons de campagne des environs de Caserte et de Santa-

Maria, la reine rentra dans son appartement, avec les personnes de son intimité qui, logeant au château, restaient à souper et à veiller avec elle; ces personnes étaient avant tout Emma, les dames d'honneur de service, sir William, lord Nelson, qui, depuis trois ou quatre jours seulement, était de retour de Livourne, où il avait convoyé les huit mille hommes du général Naselli; c'était le prince de Castelcicala, que son rang élevait presque à la hauteur des illustres hôtes qui l'invitaient à leur table, ou des nobles convives près desquels il s'asseyait, tandis que le métier auquel il s'était soumis le plaçait moralement au-dessous de la valetaille qui le servait; c'était Acton, qui, ne se dissimulant point la responsabilité qui pesait sur lui, avait, depuis quelque temps, redoublé de soins et de respects pour la reine, sentant bien qu'au jour des revers, si ce jour-là arrivait, la reine serait son seul appui; enfin, c'étaient, ce soir-là, par extraordinaire, les deux vieilles princesses, que la reine, se souvenant de la recommandation que son époux lui avait faite de ne point oublier que mesdames Victoire et Adélaïde étaient, après tout, les filles du roi Louis XV, avait invitées à venir passer une semaine à Caserte, et en même temps à amener avec elles leurs sept gardes du corps, qui, sans être incorporés dans l'armée napolitaine, devaient, toujours, sur la recommandation du roi, ayant tous reçu du ministre Ariola la paye et le grade de lieutenant, manger et loger avec les officiers de garde, et être fêtés par eux tandis que les vieilles princesses seraient fêtées par la reine; seulement, pour faire honneur aux vieilles dames jusque dans la personne de leurs gardes du corps, chaque soir, elles avaient l'autorisation d'inviter à souper un d'entre eux, qui, ce soir-là, devenait leur chevalier d'honneur.

Elles étaient arrivées depuis la veille, et, la veille, elles avaient commencé leur série d'invitations par M. de Boccheciampe; ce soir-là, c'était le tour de Jean-Baptiste de Cesare, et, comme elles s'étaient retirées un instant dans leur appartement, en sortant du théâtre, de Cesare — qui, du parterre, place des officiers, avait assisté au spectacle, — de Cesare était allé les prendre à leur appartement pour entrer avec elles chez la reine et être présenté à Sa Majesté et à ses illustres convives.

Nous avons dit que Boccheciampe appartenait à la noblesse de Corse, et de Cesare à une vieille famille de *caporali*, c'est-à-dire d'anciens commandants militaires de district, et que tous deux avaient très-bon air. Or, à ce bon air qu'il n'était point sans s'être reconnu à lui-même, de Cesare avait ajouté, ce soir-là, tout ce que la toilette d'un lieutenant permet d'ajou-

2.

ter à une jolie figure de vingt-trois ans et à une tournure distinguée.

Cependant, cette jolie figure de vingt-trois ans et cette tournure, si distinguée qu'elle fût, ne motivaient point le cri que poussa la reine en l'apercevant et qui fut répété par Emma, par Acton, par sir William et par presque tous les convives.

Ce cri était tout simplement un cri d'étonnement motivé par la ressemblance extraordinaire de Jean-Baptiste de Cesare avec le prince François, duc de Calabre; c'étaient le même teint rose, les mêmes yeux bleu clair, les mêmes cheveux blonds, seulement un peu plus foncés, la même taille, plus élancée peut-être : voilà tout.

De Cesare, qui n'avait jamais vu l'héritier de la couronne, et qui, par conséquent, ignorait la faveur que le hasard lui avait faite de ressembler à un fils de roi, de Cesare fut un peu troublé d'abord de cet accueil bruyant auquel il ne s'attendait pas; mais il s'en tira en homme d'esprit, disant que le prince lui pardonnerait l'audace involontaire qu'il avait de lui ressembler, et, quant à la reine, comme tous ses sujets étaient ses enfants, elle ne devait pas en vouloir à ceux qui avaient pour elle, non-seulement le cœur, mais la ressemblance d'un fils.

On se mit à table; le souper fut très-gai; en se

retrouvant dans un milieu qui rappelait Versailles, les deux vieilles princesses avaient à peu près oublié la perte qu'elles avaient faite de leur sœur, perte dont elles ne devaient pas se consoler ; mais c'est un des priviléges des deuils de cour de se porter en violet et de ne durer que trois semaines.

Ce qui rendait le souper si gai, c'est que tout le monde etait persuadé, comme le roi et d'après le roi, qu'à l'heure qu'il était, le canon qu'on avait entendu annonçait la défaite des Français ; ceux qui n'étaient pas aussi convaincus ou du moins ceux qui étaient plus inquiets que les autres faisaient un effort et mettaient leur physionomie au niveau des visages les plus riants.

Nelson seul, malgré les flamboyantes effluves dont l'inondait le regard d'Emma Lyonna, paraissait préoccupé et ne se mêlait point au chœur d'espérance universelle dont on caressait la haine et l'orgueil de la reine. Caroline finit par remarquer cette préoccupation du vainqueur d'Aboukir, et, comme elle ne pouvait pas l'attribuer aux rigueurs d'Emma, elle finit par s'enquérir près de lui-même des causes de son silence et de son manque d'abandon.

— Votre Majesté désire savoir quelles sont les pensées qui me préoccupent, demanda Nelson ; eh bien, dût ma franchise déplaire à la reine, je lui dirai en brutal marin que je suis : Votre Majesté, je suis inquiet.

— Inquiet ! et pourquoi, milord?

— Parce que je le suis toujours quand on tire le canon.

— Milord, dit la reine, il me semble que vous oubliez pour quelle part vous êtes dans ce canon que l'on tire.

— Justement, madame, et c'est parce que je me rappelle la lettre à laquelle vous faites allusion que mon inquiétude est double; car, s'il arrivait quelque malheur à Votre Majesté, cette inquiétude se changerait en remords.

— Pourquoi l'avez-vous écrite, alors ? demanda la reine.

— Parce que vous m'aviez affirmé, madame, que votre gendre Sa Majesté l'empereur d'Autriche se mettrait en campagne en même temps que vous.

— Et qui vous dit, milord, qu'il ne s'y est pas mis ou ne va pas s'y mettre ?

— S'il y était, madame, nous en saurions quelque chose; un César allemand ne se met point en marche avec une armée de deux cent mille hommes, sans que la terre tremble quelque peu; et, s'il n'y est pas à cette heure, c'est qu'il ne s'y mettra pas avant le mois d'avril.

— Mais, demanda Emma, n'a-t-il point écrit au roi d'entrer en campagne, assurant que, quand le roi serait à Rome, il s'y mettrait à son tour ?

— Oui, je le crois, balbutia la reine.

— Avez-vous vu de vos yeux la lettre, madame? demanda Nelson fixant son œil gris sur la reine, comme si elle était une simple femme.

— Non; mais le roi l'a dit à M. Acton, dit la reine en balbutiant. Au reste, en supposant que nous nous fussions trompés, ou que l'empereur d'Autriche nous eût trompés, faudrait-il donc désespérer pour cela?

— Je ne dis pas précisément qu'il faudrait désespérer; mais j'aurais bien peur que l'armée napolitaine seule ne fût pas de force à soutenir le choc des Français.

— Comment! vous croyez que les dix mille Français de M. Championnet peuvent vaincre soixante mille Napolitains commandés par le général Mack, qui passe pour le premier stratégiste de l'Europe?

— Je dis, madame, que toute bataille est douteuse, que le sort de Naples dépend de celle qui s'est livrée hier, je dis enfin que si, par malheur, Mack était battu, dans quinze jours les Français seraient à Naples.

— Oh! mon Dieu! que dites-vous là? murmura madame Adélaïde en pâlissant. Comment! nous aurions encore besoin de reprendre nos manteaux de pèlerines ? Entendez-vous ce que dit milord Nelson ma sœur ?

— Je l'entends, répondit madame Victoire avec un soupir de résignation ; mais je remets notre cause aux mains du Seigneur.

— Aux mains du Seigneur ! aux mains du Seigneur ! c'est très-bien dit, religieusement parlant ; mais il paraît que le Seigneur a dans les mains tant de causes dans le genre de la nôtre, qu'il n'a pas le temps de s'en occuper.

— Milord, dit la reine à Nelson, aux paroles duquel elle attachait plus d'importance qu'elle ne voulait en avoir l'air, vous estimez donc bien peu nos soldats, que vous pensez qu'ils ne puissent vaincre six contre un les républicains, que vous attaquez, vous, avec vos Anglais, à forces égales et souvent inférieures ?

— Sur mer, oui, madame, parce que la mer, c'est notre élément, à nous autres Anglais. Naître dans une île, c'est naître dans un vaisseau à l'ancre. Sur mer, je le dis hardiment, un marin anglais vaut deux marins français ; mais, sur terre, c'est autre chose ! ce que les Anglais sont sur mer, les Français le sont sur terre, madame. Dieu sait si je hais les Français : Dieu sait si je leur ai voué une guerre d'extermination ! Dieu sait enfin si je voudrais que tout ce qui reste de cette nation impie, qui renie son Dieu et qui coupe la tête à ses souverains, fût dans un vaisseau, et tenir, avec le pauvre *Van-Guard*, tout mutilé qu'il est, ce vaisseau bord à bord ! Mais ce n'est point une raison, parce que l'on déteste un ennemi, pour ne pas lui rendre justice. Qui dit haine ne dit pas mépris. Si je méprisais les Français, je ne me donnerais pas la peine de les haïr.

— Oh! voyons, cher lord, dit Emma avec un de ces airs de tête qui n'appartenaient qu'à elle, tant ils étaient gracieux et charmants, ne faites pas ici l'oiseau de mauvais augure. Les Français seront battus sur terre par le général Mack, comme ils l'ont été sur mer par l'amiral Nelson... Et tenez, j'entends le bruit d'un fouet qui nous annonce des nouvelles. Entendez-vous, madame? Entendez-vous, milord?... Eh bien, c'est le courrier que nous promettait le roi et qui nous arrive.

Et, en effet, on entendit se rapprochant rapidement du château les claquements réitérés d'un fouet ; il n'était point difficile de deviner que le bruit de ce fouet était l'éclatante musique par laquelle les postillons ont l'habitude d'annoncer leur arrivée; mais, en même temps, ce qui pouvait quelque peu embrouiller les idées des auditeurs, c'est qu'on entendait le roulement d'une voiture. Cependant tout le monde se leva par un mouvement spontané et prêta l'oreille.

Acton fit davantage encore : visiblement le plus ému de tous, il se retourna vers la reine Caroline.

— Votre Majesté permet-elle que je m'informe? demanda-t-il.

La reine répondit par un signe de tête affirmatif.

Acton s'élança vers la porte, les yeux fixés sur les appartements par lesquels devait arriver l'annonce d'un courrier ou le courrier lui-même.

On avait entendu le bruit de la voiture, qui s'arrêtait sous la voûte du grand escalier.

Tout à coup, Acton, faisant trois pas en arrière, rentra à reculons dans la salle, comme un homme frappé de quelque apparition impossible.

— Le roi! s'écria-t-il, le roi! Que veut dire cela?

LVIII

TOUT EST PERDU, VOIRE L'HONNEUR

Presque aussitôt, en effet, le roi entra, suivi du duc d'Ascoli. Une fois arrivé, et n'ayant plus rien à craindre, le roi avait repris son rang et était passé le premier.

Sa Majesté était dans une singulière disposition d'esprit; le dépit que lui inspirait sa défaite luttait en elle contre la satisfaction d'avoir échappé au danger, et il éprouvait ce besoin de railler qui lui était naturel, mais qui devenait plus amer dans les circonstances où il se trouvait.

Ajoutez à cela le malaise physique d'un homme, disons plus, d'un roi qui vient de faire soixante lieues dans un mauvais calessino, sans trouver à manger, par une froide journée et par une pluvieuse nuit de décembre.

— Brrrou! fit-il en entrant et en se frottant les mains sans paraître faire attention aux personnes qui se trouvaient là. Il fait meilleur ici que sur la route d'Albano; qu'en dis-tu, Ascoli?

Puis, comme les convives de la reine se confondaient en révérences :

— Bonsoir, bonsoir, continua-t-il; je suis bien content de trouver la table mise. Depuis Rome, nous n'avons pas trouvé un morceau de viande à nous mettre sous la dent. Du pain et du fromage sur le pouce ou plutôt sous le pouce, comme c'est restaurant! Pouah! les mauvaises auberges que celles de mon royaume, et comme je plains les pauvres dia-

-bles qui comptent sur elles! A table, d'Ascoli, à table! J'ai une faim d'enragé.

Et le roi se mit à table sans s'inquiéter s'il prenait la place de quelqu'un et fit asseoir d'Ascoli près de lui.

— Sire, seriez-vous assez bon pour calmer mon inquiétude, fit la reine en s'approchant de son auguste époux, dont le respect tenait tout le monde éloigné, en me disant à quelle circonstance je dois le bonheur de ce retour inattendu?

— Madame, vous m'avez raconté, je crois, — à coup sûr, ce n'est point San-Nicandro, — l'histoire du roi François Ier, qui, après je ne sais quelle bataille, prisonnier de je ne sais quel empereur, écrivait à madame sa mère une longue lettre qui finissait par cette belle phrase : *Tout est perdu, fors l'honneur.* Eh bien, supposez que j'arrive de Pavie, — c'est le nom de la bataille, je me le rappelle maintenant; — supposez donc que j'arrive de Pavie et que, n'ayant pas été assez bête pour me laisser prendre comme le roi François Ier, au lieu de vous écrire, je viens vous dire moi-même...

— Tout est perdu, fors l'honneur! s'écria la reine effrayée.

— Oh! non, madame, dit le roi avec un rire strident, il y a une petite variante : *Tout est perdu, voire l'honneur!*

— Oh! sire, murmura d'Ascoli honteux, comme Napolitain, de ce cynisme du roi.

— Si l'honneur n'est pas perdu, d'Ascoli, fit le roi en fronçant le sourcil et en serrant les dents, preuve qu'il n'était pas aussi insensible à la situation qu'il feignait de le paraître, après quoi donc couraient ces gens qui couraient si fort, qu'en payant un ducat et demi de guides, j'ai eu toutes les peines du monde à les dépasser? Après la honte!

Tout le monde se taisait, et il s'était fait un silence de glace; car, sans rien savoir encore, on soupçonnait déjà tout. Le roi, nous l'avons dit, était assis et avait fait asseoir le duc d'Ascoli à son côté, et, allongeant sa fourchette, il avait pris, sur le plat qui se trouvait en face de lui, un faisan rôti qu'il avait divisé en deux parts et dont il avait mis une moitié sur son assiette et passé l'autre à d'Ascoli.

Le roi regarda autour de lui et vit que tout le monde était debout, même la reine.

— Asseyez-vous donc, asseyez-vous donc, dit-il; quand vous aurez mal soupé, les affaires n'en iront pas mieux.

Se versant alors un plein verre de vin de Bordeaux, et passant la bouteille à d'Ascoli:

— A la santé de Championnet ! dit le roi. A la bonne heure ! en voilà un homme de parole ; il avait promis aux républicains d'être à Rome avant le vingtième jour, et il y sera revenu le dix-septième. C'est lui qui mériterait de boire cet excellent bordeaux, et moi qui mérite de boire de l'asprino.

— Comment, monsieur ! que dites-vous ? s'écria la reine. Championnet est à Rome ?

— Aussi vrai que je suis à Caserte. Seulement il n'y est peut-être pas mieux reçu que je ne le suis ici.

— Si vous n'êtes pas mieux reçu, sire, si l'on ne vous a pas fait l'accueil auquel vous avez droit, vous ne devez l'attribuer qu'à l'étonnement que nous a causé votre présence, au moment où nous nous attendions si peu au bonheur de vous revoir. Il y a à peine trois heures que j'ai reçu une lettre de vous qui m'annonçait un courrier, lequel devait m'apporter des nouvelles de la bataille.

— Eh bien, madame, reprit le roi, le courrier, c'est moi ; les nouvelles, les voici : nous avons été battus à plate couture. Que dites-vous de cela, milord Nelson, vous, le vainqueur des vainqueurs ?

— Une demi-heure avant que Votre Majesté arrivât, j'exprimais mes craintes sur une défaite.

— Et personne de nous ne voulait y croire, sire, ajouta la reine.

— Il en est ainsi de la moitié des prophéties, et cependant milord Nelson n'est point prophète dans son pays. En tout cas, c'était lui qui avait raison et les autres qui avaient tort.

— Mais enfin, sire, ces quarante mille hommes avec lesquels le général Mack devait, disait-il, écraser les dix mille républicains de Championnet?...

— Eh bien, il paraît que Mack n'était pas prophète comme milord Nelson, et que ce sont, au contraire, les dix mille républicains de Championnet qui ont écrasé les quarante mille hommes de Mack. Dis donc, d'Ascoli, quand je pense que j'ai écrit au souverain pontife de venir sur les ailes des chérubins faire avec moi la pâque à Rome; j'espère qu'il ne se sera point trop pressé d'accepter l'invitation. Passez-moi donc ce cuissot de sanglier, Castelcicala, on ne dîne pas avec une moitié de faisan quand on n'a pas mangé depuis vingt-quatre heures.

Puis, se tournant vers la reine :

— Avez-vous encore d'autres questions à me faire, madame? lui demanda-t-il.

— Une dernière, sire.

— Faites.

— Je m'informerai de Votre Majesté, à quel propos cette mascarade

Et Caroline montra d'Ascoli avec son habit brodé, ses croix, ses cordons et ses crachats.

— Quelle mascarade?

— Le duc d'Ascoli vêtu en roi!

— Ah! oui, et le roi vêtu en duc d'Ascoli! Mais, d'abord, asseyez-vous; cela me gène, de manger assis, tandis que vous êtes tous debout autour de moi, et surtout Leurs Altesses royales, dit le roi se levant, se tournant vers Mesdames et saluant.

— Sire! dit madame Victoire, quelles que soient les circonstances dans lesquelles nous la revoyons, que Votre Majesté soit bien persuadée que nous sommes heureuses de la revoir.

— Merci, merci. Et qu'est-ce que c'est que ce beau jeune lieutenant-là qui se permet de ressembler à mon fils?

— Un des sept gardes que vous avez accordés à Leurs Altesses royales, dit la reine; M. de Cesare est de bonne famille corse, sire, et, d'ailleurs, l'épaulette anoblit.

— Quand celui qui la porte ne la dégrade pas... Si ce que Mack m'a dit est vrai, il y a dans l'armée pas mal d'épaulettes à faire changer d'épaule. Servez bien mes cousines, monsieur de Cesare, et nous vous garderons une de ces épaulettes-là.

Le roi fit signe de s'asseoir, et l'on s'assit, quoique personne ne mangeât.

— Et maintenant, dit Ferdinand à la reine, vous me demandiez pourquoi d'Ascoli était vêtu en roi et pourquoi, moi, j'étais vêtu en d'Ascoli? D'Ascoli va vous raconter cela. Raconte, duc, raconte.

— Ce n'est pas à moi, sire, à me vanter de l'honneur que m'a fait Votre Majesté.

— Il appelle cela un honneur! pauvre d'Ascoli!... Eh bien, je vais vous le raconter, moi, l'honneur que je lui ai fait. Imaginez-vous qu'il m'était revenu que ces misérables jacobins avaient dit qu'ils me pendraient si je tombais entre leurs mains.

— Ils en eussent bien été capables!

— Vous le voyez, madame, vous aussi, vous êtes de cet avis... Eh bien, comme nous sommes partis tels que nous étions et sans avoir le temps de nous déguiser, à Albano, j'ai dit à d'Ascoli : « Donne-moi ton habit et prends le mien, afin que, si ces gueux de jacobins nous prennent, ils croient que tu es le roi et me laissent fuir; puis, quand je serai en sûreté, tu leur expliqueras que ce n'est pas toi qui es le roi. » Mais une chose à laquelle n'avait pas pensé le pauvre d'Ascoli, ajouta le roi en éclatant de rire, c'est que, si nous eussions été pris, ils ne lui auraient pas donné le temps de s'expliquer, et qu'ils auraient commencé par le pendre, quitte à écouter ses explications après.

— Si fait, sire, j'y avais pensé, répondit simplement le duc, et c'est pour cela que j'ai accepté.

— Tu y avais pensé?
— Oui, sire.
— Et, malgré cela, tu as accepté?
— J'ai accepté, comme j'ai l'honneur de le dire à Votre Majesté, fit d'Ascoli en s'inclinant, à cause de cela.

Le roi se sentit de nouveau touché de ce dévouement si simple et si noble; d'Ascoli était celui de ses courtisans qui lui avait le moins demandé et pour lequel il n'avait jamais, par conséquent, pensé à rien faire.

— D'Ascoli, dit le roi, je te l'ai déjà dit et je te le répète, tu garderas cet habit, tel qu'il est, avec ses cordons et ses plaques, en souvenir du jour où tu t'es offert à sauver la vie à ton roi, et moi, je garderai le tien en souvenir de ce jour aussi. Si jamais tu avais une grâce à me demander ou un reproche à me faire, d'Ascoli, tu mettrais cet habit et tu viendrais à moi.

— Bravo! sire, s'écria de Cesare, voilà ce qui s'appelle récompenser!

— Eh bien, jeune homme, dit madame Adélaïde,

oubliez-vous que vous avez l'honneur de parler à un roi?

— Pardon, Votre Altesse, jamais je ne m'en suis souvenu davantage, car jamais je n'ai vu un roi plus grand.

— Ah! ah! dit Ferdinand, il y a du bon dans ce jeune homme. Viens ici! comment t'appelles-tu?

— De Cesare, sire.

— De Cesare, je t'ai dit que tu pourrais bien gagner une paire d'épaulettes arrachées aux épaules d'un lâche; tu n'attendras point jusque-là, et tu n'auras point cette honte : je te fais capitaine. Monsieur Acton, vous veillerez à ce que son brevet lui soit expédié demain; vous y ajouterez une gratification de mille ducats.

— Que Votre Majesté me permettra de partager avec mes compagnons, sire?

— Tu feras comme tu voudras; mais, en tout cas, présente-toi demain devant moi avec les insignes de ton nouveau grade, afin que je sois sûr que mes ordres ont été exécutés.

Le jeune homme s'inclina et regagna sa place à reculons.

— Sire, dit Nelson, permettez-moi de vous féliciter; vous avez été deux fois roi dans cette soirée.

— C'est pour les jours où j'oublie de l'être, milord,

répondit Ferdinand avec cet accent qui flottait entre la finesse et la bonhomie ; ce qui rendait si difficile de porter un jugement sur son compte.

Puis, se tournant vers le duc :

— Eh bien, d'Ascoli, lui dit le roi, pour en revenir à nos moutons, est-ce marché fait ?

— Oui, sire, et la reconnaissance est toute de mon côté, répliqua d'Ascoli. Seulement, que Votre Majesté ait la bonté de me rendre une petite tabatière d'écaille sur laquelle se trouve le portrait de ma fille et qui est dans la poche de ma veste, et moi, de mon côté, je vous restituerai cette lettre de Sa Majesté l'empereur d'Autriche, que Votre Majesté a mise dans sa poche après en avoir lu la première ligne seulement.

— C'est vrai, je me le rappelle. Donne, duc.

— La voilà, sire.

Le roi prit la lettre des mains de d'Ascoli et l'ouvrit machinalement.

— Notre gendre se porte bien ? demanda la reine avec une certaine inquiétude.

— Je l'espère ; au reste, je vais vous le dire, attendu que, comme me le faisait observer d'Ascoli, la lettre m'a été remise au moment où je montais à cheval.

— De sorte, insista la reine, que vous n'en avez lu que la première ligne ?

— Laquelle me félicitait sur mon entrée triomphale

à Rome; or, comme le moment était mal choisi, attendu qu'elle arrivait juste au moment où j'allais en sortir peu triomphalement, je n'ai pas jugé à propos de perdre mon temps à la lire. Maintenant, c'est autre chose, et, si vous permettez, je...

— Faites, sire, dit la reine en s'inclinant.

Le roi se mit à lire; mais, à la deuxième ou troisième ligne, sa figure se décomposa tout à coup, et, changeant d'expression, s'assombrit visiblement.

La reine et Acton échangèrent un regard, et leurs yeux se fixèrent avidement sur cette lettre, que le roi continuait de lire avec une agitation croissante.

— Ah! fit le roi, voilà, par saint Janvier, qui est étrange, et, à moins que la peur ne m'ait donné la berlue...

— Mais qu'y a-t-il donc, sire? demanda la reine.

— Rien, madame, rien... Sa Majesté l'empereur m'annonce une nouvelle à laquelle je ne m'attendais pas, voilà tout.

— A l'expression de votre visage, sire, je crains qu'elle ne soit mauvaise.

— Mauvaise! vous ne vous trompez point, madame; nous sommes dans notre jour; vous le savez, il y a un proverbe qui dit : « Les corbeaux volent par troupes. » Il paraît que les mauvaises nouvelles sont comme les corbeaux.

En ce moment, un valet de pied s'approcha du roi, et, se penchant à son oreille :

— Sire, lui dit-il, la personne que Votre Majesté a fait demander en descendant de voiture, et qui, par hasard, était à San-Leucio, attend Votre Majesté dans son appartement.

— C'est bien, répondit le roi, j'y vais. Attendez. Informez-vous si Ferrari... C'est lui qui était porteur de ma nouvelle dépêche, n'est-ce pas ?

— Oui, sire.

— Eh bien, informez-vous s'il est encore ici.

— Oui, sire ; il allait repartir lorsqu'il a appris votre arrivée.

— C'est bien. Dites-lui de ne pas bouger. J'aurai besoin de lui dans un quart d'heure ou une demi-heure.

Le valet de pied sortit.

— Madame, dit le roi, vous m'excuserez si je vous quitte, mais je n'ai pas besoin de vous apprendre qu'après la course un peu forcée que je viens de faire, j'ai besoin de repos.

La reine fit avec la tête un signe d'adhésion.

Alors, s'adressant aux deux vieilles princesses, qui n'avaient pas cessé de chuchoter avec inquiétude depuis qu'elles connaissaient l'état des choses :

— Mesdames, dit-il, j'eusse voulu vous offrir une hospitalité plus sûre et surtout plus durable ; mais, en tout cas, si vous étiez obligées de quitter mon royaume et qu'il ne vous plût pas de venir où nous serons peut-être forcés d'aller, je n'aurais aucune inquiétude sur Vos Altesses royales tant qu'elles auraient pour gardes du corps le capitaine de Cesare et ses compagnons.

Puis, à Nelson :

— Milord Nelson, continua-t-il, je vous verrai demain, j'espère, ou plutôt aujourd'hui, n'est-ce pas? Dans les circonstances où je me trouve, j'ai besoin de connaître les amis sur lesquels je puis compter et jusqu'à quel point je puis compter sur eux.

Nelson s'inclina.

— Sire, répliqua-t-il, j'espère que Votre Majesté n'a pas douté et ne doutera jamais ni de mon dévouement, ni de l'affection que lui porte mon auguste souverain, ni de l'appui que lui prêtera la nation anglaise.

Le roi fit un signe qui voulait dire à la fois « Merci, » et « Je compte sur votre promesse. »

Puis, s'approchant de d'Ascoli :

— Mon ami, je ne te remercie pas, lui dit-il; tu as fait une chose si simple, à ton avis du moins, que cela n'en vaut pas la peine.

Enfin, se tournant vers l'ambassadeur d'Angleterre :

— Sir William Hamilton, continua-t-il, vous souvient-il qu'au moment où cette malheureuse guerre a été décidée, je me suis, comme Pilate, lavé les mains de tout ce qui pouvait arriver?

— Je m'en souviens parfaitement, sire; c'était même le cardinal Ruffo qui vous tenait la cuvette, répondit sir William.

— Eh bien, maintenant, arrive qui plante, cela ne me regarde plus; cela regarde ceux qui ont tout fait sans me consulter, et qui, lorsqu'ils m'ont consulté, n'ont pas voulu écouter mes avis.

Et, ayant enveloppé d'un même regard de reproche la reine et Acton, il sortit.

La reine se rapprocha vivement d'Acton.

— Avez-vous entendu, Acton? lui dit-elle. Il a prononcé le nom de Ferrari après avoir lu la lettre de l'empereur.

— Oui, certes, madame, je l'ai entendu; mais Ferrari ne sait rien : tout s'est passé pendant son évanouissement et son sommeil.

— N'importe! il sera prudent de nous débarrasser de cet homme.

— Eh bien, dit Acton, on s'en débarrassera.

LIX

OU SA MAJESTÉ COMMENCE PAR NE RIEN COMPRENDRE ET FINIT PAR N'AVOIR RIEN COMPRIS.

Le personnage qui attendait le roi dans son appartement et qui par hasard se trouvait à San-Leucio quand le roi l'avait demandé, c'était le cardinal Ruffo, c'est-à-dire celui auquel le roi avait toujours recouru dans les cas extrêmes.

Or, au cas extrême dans lequel se trouvait le roi à son arrivée, s'était jointe une complication inattendue qui lui faisait encore désirer davantage de consulter son conseil.

Aussi le roi s'élança-t-il dans sa chambre en criant :

— Où est-il? où est-il?

— Me voilà, sire, répondit le cardinal en venant au-devant de Ferdinand.

— Avant tout, pardon, mon cher cardinal, de vous avoir fait éveiller à deux heures du matin.

— Du moment que ma vie elle-même appartient à Sa Majesté, mes nuits comme mes jours sont à elle.

— C'est que, voyez-vous, mon éminentissime, jamais je n'ai eu plus besoin du dévouement de mes amis qu'à cette heure.

— Je suis heureux et fier que le roi me mette au nombre de ceux sur le dévouement desquels il peut compter.

— En me voyant revenir d'une manière si inattendue, vous vous doutez de ce qui arrive, n'est-ce pas?

— Le général Mack s'est fait battre, je présume.

— Ah! ç'a été lestement fait, allez! en une seule fois et d'un seul coup. Nos quarante mille Napolitains, à ce qu'il paraît, et c'est le cas de le dire, n'y ont vu que du feu.

— Ai-je besoin de dire à Votre Majesté que je m'y attendais?

— Mais, alors, pourquoi m'avez-vous conseillé la guerre?

— Votre Majesté se rappellera que c'était à une condition seulement que je lui donnais ce conseil-là.

— Laquelle?

— C'est que l'empereur d'Autriche marcherait sur

le Mincio en même temps que Votre Majesté marcherait sur Rome; mais il paraît que l'empereur n'a point marché.

— Vous touchez là un bien autre mystère, mon éminentissime.

— Comment?

— Vous vous rappelez parfaitement la lettre par laquelle l'empereur me disait qu'aussitôt que je serais à Rome, il se mettrait en campagne, n'est-ce pas?

— Parfaitement; nous l'avons lue, examinée et paraphrasée ensemble.

— Je dois justement l'avoir ici dans mon portefeuille particulier.

— Eh bien, sire? demanda le cardinal.

— Eh bien, prenez connaissance de cette autre lettre que j'ai reçue à Rome au moment où je mettais le pied à l'étrier, et que je n'ai lue entièrement que ce soir, et, si vous y comprenez quelque chose, je déclare non-seulement que vous êtes plus fin que moi, ce qui n'est pas bien difficile, mais encore que vous êtes sorcier.

— Sire, ce serait une déclaration que je vous prierais de garder pour vous. Je ne suis pas déjà si bien en cour de Rome.

— Lisez, lisez.

Le cardinal prit la lettre et lut :

« Mon cher frère et cousin, oncle et beau-père, allié et confédéré... »

— Ah! dit le cardinal en s'interrompant, celle-là est de la main tout entière de l'empereur.

— Lisez, lisez, fit le roi.

Le cardinal lut :

« Laissez-moi d'abord vous féliciter de votre entrée triomphale à Rome. Le dieu des batailles vous a protégé, et je lui rends grâces de la protection qu'il vous a accordée; cela est d'autant plus heureux qu'il paraît s'être fait entre nous un grand malentendu... »

Le cardinal regarda le roi.

— Oh! vous allez voir, mon éminentissime; vous n'êtes pas au bout, je vous en réponds.

Le cardinal continua.

« Vous me dites, dans la lettre que vous me faites l'honneur de m'écrire pour m'annoncer vos victoires, que je n'ai plus, de mon côté, qu'à tenir ma promesse, comme vous avez tenu les vôtres; et vous me dites clairement que cette promesse que je vous ai faite était d'entrer en campagne aussitôt que vous seriez à Rome... »

— Vous vous rappelez parfaitement, n'est-ce pas,

mon éminentissime, que l'empereur mon neveu avait pris cet engagement?

— Il me semble que c'est écrit en toutes lettres dans sa dépêche.

— D'ailleurs, continua le roi, qui, tandis que le cardinal lisait la première partie de la lettre de l'empereur, avait ouvert son portefeuille et y avait retrouvé la première missive, nous allons en juger : voici la lettre de mon cher neveu; nous la comparerons à celle-ci, et nous verrons bien qui, de lui ou de moi, a tort. Continuez, continuez.

Le cardinal, en effet, continua :

« Non-seulement je ne vous ai pas promis cela, mais je vous ai, au contraire, positivement écrit que je ne me mettrais en campagne qu'à l'arrivée du général Souvorov et de ses quarante mille Russes, c'est-à-dire vers le mois d'avril prochain... »

— Vous comprenez, mon éminentissime, reprit le roi, qu'un de nous deux est fou.

— Je dirai même un de nous trois, reprit le cardinal, car je l'ai lu comme Votre Majesté.

— Eh bien, alors, continuez.

Le cardinal se remit à sa lecture.

« Je suis d'autant plus sûr de ce que je vous dis, mon cher oncle et beau-père, que, selon la recommandation que Votre Majesté m'en avait faite j'ai écrit la lettre que j'ai eu l'honneur de lui adresser tout entière de ma main... »

— Vous entendez? de sa main!

— Oui; mais je dirai, comme Votre Majesté, que je n'y comprends absolument rien.

— Vous allez voir, Éminence, qu'il n'y a de l'auguste main de mon neveu, au contraire, que l'adresse, l'en-tête et la salutation.

— Je me rappelle tout cela parfaitement.

— Continuez, alors.

Le cardinal reprit :

« Et que, pour ne m'écarter en rien de ce que j'avais l'honneur de dire à Votre Majesté, j'en ai fait prendre copie par mon secrétaire; cette copie, je vous l'envoie afin que vous la compariez à l'original et que vous vous assuriez *de visu* qu'il ne pouvait y avoir, dans mes phrases, aucune ambiguïté qui vous induisît en pareille erreur... »

Le cardinal regarda le roi.

— Y comprenez-vous quelque chose? demanda Ferdinand.

— Pas plus que vous, sire; mais permettez que j'aille jusqu'au bout.

— Allez, allez! ah! nous sommes dans de beaux draps, mon cher cardinal!

« Et, comme j'avais l'honneur de le dire à Votre

Majesté, continua Ruffo, je suis doublement heureux que la Providence ait béni ses armes ; car, si au lieu d'être victorieuse, elle eût été battue, il m'eût été impossible, sans manquer aux engagements pris par moi envers les puissances confédérées, d'aller à son secours, et j'eusse été obligé, à mon grand regret, de l'abandonner à sa mauvaise fortune ; ce qui eût été pour mon cœur un grand désespoir que, par bonheur, la Providence m'a épargné en lui accordant la victoire... »

— Oui, la victoire, dit le roi, elle est belle, la victoire !

« Et maintenant, recevez, mon cher frère et cousin, oncle et beau-père... »

— *Et cœtera, et cœtera!* interrompit le roi. Ah!... Et maintenant, mon cher cardinal, voyons la copie de la prétendue lettre, dont, par bonheur, j'ai conservé l'original.

Cette copie était effectivement incluse dans la lettre. Ruffo la tenait, il la lut. C'était bien celle de la dépêche qui avait été décachetée par la reine et Acton, et qui, leur ayant paru mal seconder leur désir, avait été remplacée par la lettre falsifiée que le roi tenait à la main, prêt à la comparer à la copie que lui envoyait François II.

Quand nous aurons remis sous les yeux de nos

lecteurs cette copie de la véritable lettre, — comme nous croyons la chose nécessaire à la clarté de notre récit, — on jugera de l'étonnement où elle devait jeter le roi.

« Château de Schœnbrünn, 28 septembre 1798.

» Très-excellent frère, cousin et oncle, allié et confédéré,

» Je réponds à Votre Majesté de ma main, comme elle m'a écrit de la sienne.

» Mon avis, d'accord avec celui du conseil aulique, est que nous ne devons commencer la guerre contre la France que quand nous aurons réuni toutes nos chances de succès; et une des chances sur lesquelles il m'est permis de compter, c'est la coopération des 40,000 hommes de troupes russes conduites par le feld-maréchal Souvorov, à qui je compte donner le commandement en chef de nos armées; or, ces 40,000 hommes ne seront ici qu'à la fin de mars. Temporisez donc, mon très-excellent frère, cousin et oncle; retardez par tous les moyens possibles l'ouverture des hostilités; je ne crois pas que la France soit plus que nous désireuse de faire la guerre; profitez de ses dispositions pacifiques; donnez quelque raison, bonne ou mauvaise, de ce qui s'est passé ; et, au mois d'avril, nous entrerons en campagne avec tous nos moyens.

» Sur ce, et la présente n'étant à autre fin, je prie, mon très-cher frère, cousin et oncle, allié et confédéré, que Dieu vous ait en sa sainte et digne garde.

» FRANÇOIS. »

— Et, maintenant que vous venez de lire la prétendue copie, dit le roi, lisez l'original, et vous verrez s'il ne dit pas tout le contraire.

Et il passa au cardinal la lettre falsifiée par Acton et par la reine, lettre qu'il lut tout haut, comme il avait fait de la première.

Comme la première, elle doit être mise sous les yeux de nos lecteurs, qui se souviennent peut-être du sens, mais qui, à coup sûr, ont oublié le texte :

La voici :

« Château de Schœnbrünn, 28 septembre 1798.

» Très-excellent frère, cousin et oncle, allié et confédéré,

» Rien ne pouvait m'être plus agréable que la lettre que vous m'écrivez et dans laquelle vous me promettez de vous soumettre en tout point à mon avis. Les nouvelles qui m'arrivent de Rome me disent que l'armée française est dans l'abattement le plus complet; il en est tout autant de l'armée de la haute Italie.

» Chargez-vous donc de l'une, mon très-excellent frère, cousin et oncle, allié et confédéré; je me chargerai de l'autre. A peine aurai-je appris que vous êtes à Rome, que, de mon côté, j'entre en campagne avec 140,000 hommes; vous en avez de votre côté 60,000; j'attends 40,000 Russes; c'est plus qu'il n'en faut pour que le prochain traité de paix, au lieu de s'appeler le traité de Campo-Formio, s'appelle le traité de Paris.

» Sur ce, et la présente n'étant à autre fin, je prie, mon très-cher frère, cousin et oncle, allié et confédéré, que Dieu vous ait en sa sainte et digne garde.

» François. »

Le cardinal demeura pensif après avoir achevé sa lecture.

— Eh bien, éminentissime, que pensez-vous de cela? dit le roi.

— Que l'empereur a raison, mais que Votre Majesté n'a pas tort.

— Ce qui signifie?

— Qu'il y a là-dessous, comme l'a dit Votre

Majesté, quelque mystère terrible peut-être; plus qu'un mystère, une trahison.

— Une trahison! Et qui avait intérêt à me trahir?

— C'est me demander le nom des coupables, sire et je ne les connais pas.

— Mais ne pourrait-on pas les connaître?

— Cherchons-les, je ne demande pas mieux que d'être le limier de Votre Majesté; Jupiter a bien trouvé Ferrari... Et tenez, à propos de Ferrari, sire, il serait bon de l'interroger.

— Cela a été ma première pensée; aussi lui ai-je fait dire de se tenir prêt.

— Alors, que Votre Majesté le fasse venir.

Le roi sonna; le même valet de pied qui était venu lui parler à table parut.

— Ferrari! demanda le roi.

— Il attend dans l'antichambre, sire.

— Fais-le entrer.

— Votre Majesté m'a dit qu'elle était sûre de cet homme.

— C'est à dire, Éminence, que je vous ai dit que je croyais en être sûr.

— Eh bien, j'irai plus loin que Votre Majesté, j'en suis sûr, moi.

Ferrari parut à la porte, botté, éperonné, prêt à partir.

— Viens ici, mon brave, lui dit le roi.

— Aux ordres de Votre Majesté. Mes dépêches, sire?

— Il ne s'agit pas de dépêches ce soir, mon ami, dit le roi; il s'agit seulement de répondre à nos questions.

— Je suis prêt, sire.

— Interrogez, cardinal.

— Mon ami, dit Ruffo au courrier, le roi a la plus grande confiance en vous.

— Je crois l'avoir méritée par quinze ans de bons et loyaux services, monseigneur.

— C'est pourquoi le roi vous prie de rappeler tous vos souvenirs, et il veut bien vous prévenir par ma voix qu'il s'agit d'une affaire très-importante.

— J'attends votre bon plaisir, monseigneur, dit Ferrari.

— Vous vous rappelez bien les moindres circonstances de votre voyage à Vienne, n'est-ce pas? demanda le cardinal.

— Comme si j'en arrivais, monseigneur.

— C'est bien l'empereur qui vous a remis lui-même la lettre que vous avez apportée au roi?

— Lui-même, oui, monseigneur, et j'ai déjà eu l'honneur de le dire à Sa Majesté.

— Sa Majesté désirerait en recevoir une seconde fois l'assurance de votre bouche.

— J'ai l'honneur de la lui donner.

— Où avez-vous mis la lettre de l'empereur?

— Dans cette poche-là, dit Ferrari en ouvrant sa veste.

— Où vous êtes-vous arrêté?

— Nulle part, excepté pour changer de cheval.

— Où avez-vous dormi?

— Je n'ai pas dormi.

— Hum! fit le cardinal; mais j'ai entendu dire — vous nous avez même dit — qu'il vous était arrivé un accident.

— Dans la cour du château, monseigneur; j'ai fait tourner mon cheval trop court, il s'est abattu des quatre pieds, ma tête a porté contre une borne, et je me suis évanoui.

— Où avez-vous repris vos sens?

— Dans la pharmacie.

— Combien de temps êtes-vous resté sans connaissance?

— C'est facile à calculer, monseigneur. Mon cheval s'est abattu vers une heure ou une heure et demie du matin, et, quand j'ai rouvert les yeux, il commençait à faire jour.

— Au commencement d'octobre, il fait jour vers

cinq heures et demie du matin, six heures peut-être ; c'est donc pendant quatre heures environ que vous êtes resté évanoui ?

— Environ, oui, monseigneur.

— Qui était près de vous quand vous avez rouvert les yeux ?

— Le secrétaire de Son Excellence le capitaine général, M. Richard, et le chirurgien de Santa-Maria.

— Vous n'avez aucun soupçon que l'on ait touché à la lettre qui était dans votre poche ?

— Quand je me suis réveillé, la première chose que j'ai faite a été d'y porter la main, elle y était toujours. J'ai examiné le cachet et l'enveloppe, ils m'ont paru intacts.

— Vous aviez donc quelques doutes ?

— Non, monseigneur, j'ai agi instinctivement.

— Et ensuite ?

— Ensuite, monseigneur, comme le chirurgien de Santa-Maria m'avait pansé pendant mon évanouissement, on m'a fait prendre un bouillon ; je suis parti, et j'ai remis ma lettre à Sa Majesté. Du reste, vous étiez là, monseigneur.

— Oui, mon cher Ferrari, et je crois pouvoir affirmer au roi que, dans toute cette affaire, vous vous êtes conduit en bon et loyal serviteur. Voilà tout ce que l'on désirait savoir de vous ; n'est-ce pas, sire ?

— Oui, répondit Ferdinand.

— Sa Majesté vous permet donc de vous retirer, mon ami, et de prendre un repos dont vous devez avoir grand besoin.

— Oserai-je demander à Sa Majesté si j'ai démérité en rien de ses bontés ?

— Au contraire, mon cher Ferrari, dit le roi, au contraire, et tu es plus que jamais l'homme de ma confiance.

— Voilà tout ce que je désirais savoir, sire ; car c'est la seule récompense que j'ambitionne.

Et il se retira heureux de l'assurance que lui donnait le roi.

— Eh bien ? demanda Ferdinand.

— Eh bien, sire, s'il y a eu substitution de lettre, ou changement fait à la lettre, c'est pendant l'évanouissement de ce malheureux que la chose a eu lieu.

— Mais, comme il vous l'a dit, mon éminentissime, le cachet et l'enveloppe étaient intacts.

— Une empreinte de cachet est facile à prendre.

— On aurait donc contrefait la signature de l'empereur ? Dans tous les cas, celui qui aurait fait le coup serait un habile faussaire.

4.

— On n'a pas eu besoin de contrefaire la signature de l'empereur, sire.

— Comment s'y est-on pris, alors?

— Remarquez, sire, que je ne vous dis pas ce que l'on a fait.

— Que me dites-vous donc?

— Je dis à Votre Majesté ce que l'on aurait pu faire.

— Voyons.

— Supposez, sire, que l'on se soit procuré ou que l'on ait fait faire un cachet représentant la tête de Marc-Aurèle.

— Après?

— On aurait pu amollir la cire du cachet en la plaçant au-dessus d'une bougie, ouvrir la lettre, la plier ainsi...

Et Ruffo la plia, en effet, comme avait fait Acton.

— Pour quoi faire la plier ainsi? demanda le roi.

— Pour sauvegarder l'en-tête et la signature; puis, avec un acide quelconque, enlever l'écriture, et, à la place de ce qui y était alors, mettre ce qu'il y a aujourd'hui.

— Vous croyez cela possible, Éminence?

— Rien de plus facile; je dirai même que cela xepliquerait parfaitement, vous en conviendrez, sire, une lettre d'une écriture étrangère entre un entête et une salutation de l'écriture de l'empereur.

— Cardinal! cardinal! dit le roi après avoir examiné la lettre avec attention, vous êtes un bien habile homme.

Le cardinal s'inclina.

— Et maintenant, qu'y a-t-il à faire, à votre avis? demanda le roi.

— Laissez-moi le reste de la nuit pour y penser, répliqua le cardinal, et, demain, nous en reparlerons.

— Mon cher Ruffo, dit le roi, n'oubliez pas que, si je ne vous fais pas premier ministre, c'est que je ne suis pas le maître.

— J'en suis si bien convaincu, sire, que, tout en ne l'étant pas, j'en ai la même reconnaissance à Votre Majesté que si je l'étais.

Et, saluant le roi avec son respect accoutumé, le cardinal sortit, laissant Sa Majesté pénétrée d'admiration pour lui.

LX

OU VANNI TOUCHE ENFIN AU BUT QU'IL AMBITIONNAIT DEPUIS SI LONGTEMPS.

On se rappelle la recommandation qu'avait faite le ro Ferdinand dans une de ses lettres à la reine. Cette recommandation disait de ne point laisser languir en prison Nicolino Caracciolo et de presser le marquis Vanni, procureur fiscal, d'instruire le plus promptement possible son procès. Nos lecteurs ne se sont point trompés, nous l'espérons, à l'intention de la recommandation susdite, et ne lui ont rien reconnu de philanthropique. Non! le roi avait, comme la reine, ses motifs de haine à lui : il se rappelait que l'élégant Nicolino Caracciolo, descendu du Pausilippe pour fêter, dans le golfe de Naples, Latouche-Tréville et ses marins, avait été un des premiers à offusquer ses yeux en abandonnant la poudre, en immolant sa queue aux idées nouvelles et en laissant pousser ses favoris, et qu'il avait enfin, un des premiers toujours à marcher dans la mauvaise voie, substitué insolemment le pantalon à la culotte courte.

En outre, Nicolino, on le sait, était frère du beau duc de Rocca-Romana, qui, à tort ou à raison, avait passé pour être l'objet d'un de ces nombreux et rapides caprices de la reine, non enregistrés par l'histoire, qui dédaigne ces sortes de détails, mais constatés par la chronique scandaleuse des cours qui en vit ; or, le roi ne pouvait se venger du duc de Rocca-Romana, qui n'avait pas changé un bouton à son costume, ne s'était rien coupé, ne s'était rien laissé pousser, et, par conséquent, était resté dans les plus strictes règles de l'étiquette ; il n'était donc pas fâché, — un mari si débonnaire qu'il soit ayant toujours quelque rancune contre les amants de sa femme, — il n'était donc pas fâché, n'ayant point de prétexte plausible pour se venger du frère aîné, d'en rencontrer un pour se venger du frère cadet. D'ailleurs, comme titre personnel à l'antipathie du roi, Nicolino Caracciolo était entaché du péché originel d'avoir une Française pour mère, et, de plus, étant déjà à moitié Français de naissance, d'être encore tout à fait Français d'opinion.

On a vu, d'ailleurs, que les soupçons du roi, tout vagues et instinctifs qu'ils étaient sur Nicolino Caracciolo, n'étaient point tout à fait dénués de fondement, puisque Nicolino était lié à cette grande conspiration qui s'étendait jusqu'à Rome, et qui avait pour but, en appelant les Français à Naples, d'y faire entrer avec eux la lumière, le progrès, la liberté.

Maintenant, on se rappelle par quelle suite de circonstances inattendues Nicolino Caracciolo avait été amené à prêter à Salvato, trempé par l'eau de la mer, des habits et des armes; comment, une lettre de femme qu'il avait oubliée dans la poche de sa redingote ayant été trouvée par Pasquale de Simone, avait été remise par celui-ci à la reine et par la reine à Acton; nous avons presque assisté à l'expérience chimique qui, en enlevant le sang, avait laissé subsister l'écriture, et nous avons assisté tout à fait à l'expérience poétique qui, en dénonçant la femme, avait permis de s'emparer de son amant; or, l'amant arrêté et conduit, on s'en souvient, au château Saint-Elme, n'était autre que notre insouciant et aventureux ami Nicolino Caracciolo.

Le lecteur nous pardonnera si nous lui faisons subir ici quelques redites; nous désirons, autant que possible, ajouter par quelques lignes — ces lignes fussent-elles inutiles — à la clarté de notre récit, que peuvent, malgré nos efforts, obscurcir les nombreux personnages que nous mettons en scène et dont une partie est forcée de disparaître pour faire place à d'autres, parfois pendant plusieurs chapitres, parfois pendant un volume entier.

Que l'on nous pardonne donc certaines digressions en faveur de la bonne intention, et que l'on ne fasse point de notre bonne intention un des pavés de l'enfer.

Le château Saint-Elme, où Nicolino avait été conduit et enfermé, était, nous croyons l'avoir déjà dit, la Bastille de Naples.

Le château Saint-Elme, qui a joué un grand rôle dans toutes les révolutions de Naples, et qui, par conséquent, aura le sien dans la suite de cette histoire, est bâti au sommet de la colline qui domine l'ancienne Parthénope. Nous ne chercherons pas, comme le faisait notre savant archéologue sir William Hamilton, si le nom *Erme*, premier nom du château Saint-Elme, vient de l'ancien mot phénicien *erme*, qui veut dire, *élevé, sublime,* ou bien lui fut donné à cause des statues de Priape à l'aide desquelles les habitants de Nicopolis marquaient les limites de leurs champs et de leurs maisons, et qu'ils appelaient *Terme*. N'ayant pas reçu du ciel ce regard pénétrant qui lit dans la nuit profonde des étymologies, nous nous contenterons de faire remonter cette appellation à une chapelle de Saint-Érasme qui donna son nom à la montagne sur laquelle elle était assise ; la montagne s'appela donc d'abord le mont *Saint-Érasme,* puis, par corruption, *Saint-Erme,* puis enfin en dernier lieu, et se corrompant de plus en plus, Saint-Elme. Sur ce sommet, qui domine la ville et la mer, fut d'abord bâtie une tour qui remplaça la chapelle et que l'on appela Belforte ; cette tour fut convertie en château par Charles II d'Anjou, dit le Boiteux ; ses fortifications s'augmentèrent lorsque Naples fut assiégée par Lautrec, non pas en 1518, comme le dit il signor Giuseppe Gallanti, auteur de *Naples et ses Environs;* mais, en 1528, elle devint, par ordre de Charles-Quint, une forteresse régulière. Comme toutes les forteresses destinées d'abord à défendre les populations au milieu ou sur la tête desquelles elles sont élevées, Saint-Elme en arriva peu à peu, non-seulement à ne plus défendre la population de Naples, mais à la menacer, et c'est sous ce dernier point de vue que le sombre château fait encore la terreur des Napolitains, qui, à chaque révolution qu'ils font ou plutôt qu'ils laissent faire, demandent sa démolition au nouveau gouvernement qui succède à l'ancien. Le nouveau gouvernement, qui a besoin de se populariser, décrète la démolition de Saint-Elme, mais se garde bien de le démolir.

Hâtons-nous de dire, attendu qu'il faut rendre justice aux pierres comme aux gens, que l'honnête et pacifique château Saint-Elme, éternelle menace de destruction pour la ville, s'est toujours borné à menacer, n'a jamais rien détruit, et même, dans certaines circonstances, a protégé.

Nous avons dit tout à l'heure qu'il fallait rendre justice aux pierres comme aux gens; retournons la maxime, et disons maintenant qu'il faut rendre justice aux gens comme aux pierres.

Ce n'était point, Dieu merci! par paresse ou négligence que le marquis Vanni n'avait pas suivi plus activement le procès Nicolino, non; le marquis, véritable procureur fiscal, ne demandant que des coupables et ne désirant que d'en trouver là même où il n'y en avait pas, était loin de mériter un pareil reproche, non; mais c'était un homme de conscience dans son genre que le marquis Vanni : il avait fait durer sept ans le procès du prince de Tarsia, et trois ans celui du chevalier de Medici et de ceux qu'il s'obstinait à appeler ses complices; il tenait un coupable, cette fois, il avait des preuves de sa culpabilité, il était sûr que ce coupable ne pouvait lui échapper sous la triple porte qui fermait son cachot et sous la triple muraille qui entourait Saint-Elme; il ne regardait donc pas à un jour, à une semaine et même à un mois pour arriver à un résultat satisfaisant. D'ailleurs, il appartenait, nous l'avons dit, pour les instincts, pour l'allure, aux animaux de la race féline, et l'on sait que le tigre s'amuse à jouer avec l'homme avant de le mettre en morceaux, et le chat avec la souris avant de la dévorer.

Le marquis Vanni s'amusait donc à jouer avec Nicolino Caracciolo avant de lui faire couper la tête.

Mais, il faut le dire, dans ce jeu mortel où luttaient l'un contre l'autre l'homme armé de la loi, de la torture et de l'échafaud, et l'homme armé de son seul esprit, ce n'était pas celui qui avait toutes les chances de gagner qui gagnait toujours. Loin de là. Après quatre interrogatoires successifs, qui chacun avaient duré plus de deux heures, et dans lesquels Vanni avait essayé de retourner son prévenu de toutes les façons, le juge n'était pas plus avancé et le prévenu pas plus compromis que le premier jour, c'est-à-dire que l'interrogateur en était arrivé à savoir les nom, prénoms, qualités, âge, état social de Nicolino Caracciolo, ce que tout le monde savait à Naples, sans avoir besoin de recourir à un mois de prison et à une instruction de trois semaines; mais le marquis Vanni, malgré sa curiosité, — et il était certainement un des juges les plus curieux du royaume des Deux-Siciles, — n'avait pu en savoir davantage.

En effet, Nicolino Caracciolo s'était enfermé dans ce dilemme : « Je suis coupable ou je suis innocent. Ou je suis coupable, et je ne suis pas assez bête pour faire des aveux qui me compromettront; ou je suis innocent, et, par conséquent, n'ayant rien à avouer, je n'avouerai rien. » Il était résulté de ce système de défense qu'à toutes les questions faites par Vanni pour savoir autre chose que tout ce que tout le monde savait, c'est-à-dire ses nom, prénoms, qualités, âge, demeure et état social, Nicolino Caracciolo avait répondu par d'autres questions, demandant à Vanni, avec l'accent du plus vif intérêt s'il était marié, si sa femme était jolie, s'il l'aimait, s'il en avait des enfants, quel était leur âge, s'il avait des frères, des sœurs, si son père vivait, si sa mère était morte, combien lui donnait la reine pour le métier qu'il faisait, si son titre de marquis était transmissible à l'aîné de sa famille, s'il croyait en Dieu, à l'enfer, au paradis, s'appuyant dans toutes ses divagations, sur ce qu'il avait, pour tout ce qui regardait le marquis, une sympathie aussi vive au moins que celle que le marquis Vanni avait pour lui, et que, par conséquent, il lui était permis, sinon de lui faire les mêmes questions, — il ne poussait point l'indiscrétion jusque là, — au moins des questions analogues à celles qu'il lui faisait. Il en était résulté qu'à la fin de chaque interrogatoire, le marquis Vanni s'était trouvé un peu moins avancé qu'au commencement et n'avait pas même osé faire dresser par le greffier procès-verbal de toutes les folies que Nicolino lui avait dites, et qu'enfin, ayant menacé le prisonnier, lors de sa dernière visite, de lui faire donner la question s'il continuait de rire au nez de cette respectable déesse que l'on appelle la Justice, il se présentait au château Saint-Elme, dans la matinée du 9 décembre, — c'est-à-dire quelques heures après l'arrivée du roi à Caserte, arrivée complétement ignorée encore à Naples et qui n'était sue que des personnes qui avaient eu l'honneur de voir Sa Majesté ; — il se présentait, disons-nous, au château Saint-Elme, bien décidé cette fois, si Nicolino continuait de jouer le même jeu avec lui, de mettre ses menaces à exécution et d'essayer de cette fameuse torture *sicut in cadaver* qui lui avait été refusée à son grand regret par la majorité de la junte d'État, à laquelle il n'avait pas besoin de référer cette fois.

Vanni, dont le visage n'était pas gai d'habitude, avait donc, ce jour-là, une physionomie plus lugubre encore que de coutume.

Il était, en outre, escorté de maître Donato, le bourreau de Naples, lequel était lui-même flanqué de deux de ses aides, venus tout exprès pour l'aider à appliquer le prisonnier à la question, si le prisonnier persistait, nous ne dirons pas dans ses dénégations, mais dans les facétieuses et fantastiques plaisanteries qui n'avaient point de précédent dans les annales de la justice.

Nous ne parlons pas du greffier qui accompagnait si assidûment Vanni dans toutes ses courses, et qui, dans sa vénération pour le procureur fiscal, gardait en sa présence un silence si absolu, que Nicolino prétendait que ce n'était point un homme de chair et d'os, mais purement et simplement son ombre que Vanni avait fait habiller en greffier, non pour économiser à l'État, comme on aurait pu le croire, les appointements de ce magistrat subalterne, mais pour avoir toujours sous la main un secrétaire prêt à écrire ses interrogatoires.

Pour cette grande solennité de la torture qui n'avait point été donnée à Naples, ni même dans le royaume des Deux-Siciles, où elle était tombée en désuétude depuis que don Carlos était monté sur le trône de Naples, c'est-à-dire depuis soixante-cinq ans, et que le marquis Vanni allait avoir l'honneur de faire revivre, non point en l'exerçant *in anima vili*, mais sur un membre d'une des premières familles de Naples, des ordres avaient été donnés à don Roberto Brandi, gouverneur du château, pour mettre tout à neuf dans la vieille salle de tortures du château Saint-Elme. Don Roberto Brandi, serviteur zélé du roi, qui avait eu le désagrément, deux ans auparavant, de voir fuir de sa forteresse Ettore Caraffa, s'était empressé de prouver son dévouement à Sa Majesté en obéissant ponctuellement aux ordres du procureur fiscal, de sorte que, quand celui-ci se fit annoncer, le gouverneur vint au-devant de lui, et, avec le sourire de l'orgueil satisfait :

— Venez, lui dit-il, et j'espère que vous serez content de moi.

Et il conduisit Vanni dans la salle qu'il avait fait remettre entièrement à neuf à l'intention de Niccolino Caracciolo, lequel ne se doutait pas que l'État venait de dépenser pour lui, en instruments de torture, la somme exorbitante de sept cents ducats, dont, selon les habitudes reçues à Naples, le gouverneur avait mis la moitié dans sa poche.

Vanni, précédé de don Roberto et suivi de son greffier, du bourreau et de ses deux aides, descendit dans ce musée de la douleur, et, comme un général avant le combat examine le champ sur lequel il va livrer bataille et note les accidents de terrain dont il peut tirer avantage pour la victoire, il étudia, les uns après les autres, cette collection d'instruments, sortis, pour la plupart, des arsenaux ecclésiastiques, les archives de l'inquisition ayant prouvé que les cerveaux ascétiques sont les plus inventifs dans ces sortes de machines destinées à faire tressaillir d'angoisse les fibres les plus profondément cachées dans le cœur de l'homme.

Chaque instrument était bien à sa place et surtout en bon état de service.

Alors, laissant dans cette salle funèbre, éclairée seulement de torches soutenues contre la muraille par des mains de fer, maître Donato et ses deux aides, il était passé dans la chambre voisine, séparée de la salle de tortures par une grille de fer, devant laquelle tombait un rideau de serge noire; la lumière des torches, vue à travers ce rideau, obstacle insuffisant à la cacher tout à fait, devenait plus funèbre encore.

C'était aussi aux soins de don Roberto qu'était due la mise en état de cette chambre, ancienne salle de tribunal secret abandonnée en même temps que la salle de torture. Elle n'avait rien de particulier que son absence complète de communication avec le jour; tout son mobilier se composait d'une table couverte d'un tapis vert, éclairée par deux candélabres à cinq branches, et sur laquelle se trouvaient du papier, de l'encre et des plumes.

Un fauteuil tenait le milieu de cette table, et, de l'autre côté, avait en face de lui la sellette du prévenu; à côté de cette grande table, que l'on pouvait appeler la table d'honneur, et qui était évidemment réservée au juge, était une petite table destinée au greffier.

Au-dessus du juge était un grand crucifix taillé dans un tronc de chêne et qu'on eût dit sorti de l'âpre ciseau de Michel-Ange, tant sa rude physionomie laissait celui qui le regardait dans le doute s'il avait été mis là pour soutenir l'innocent ou effrayer le coupable.

Une lampe descendant du plafond éclairait cette terrible agonie, qui semblait, non pas celle de Jésus expirant avec le mot *pardon* sur la bouche, mais celle du mauvais larron, rendant son dernier soupir dans un dernier blasphème.

Le procureur fiscal avait jusque-là tout examiné en silence, et don Roberto, n'entendant point sortir de sa bouche l'éloge qu'il se croyait en droit d'espérer, attendait avec inquiétude une marque de satisfaction quelconque; cette marque de satisfaction, pour s'être fait attendre, n'en fut que plus flatteuse. Vanni fit hautement l'éloge de toute cette lugubre mise en scène, et promit au digne commandant que la reine serait informée du zèle qu'il avait déployé pour son service.

Encouragé par l'éloge d'un homme si expert en pareille matière, don Roberto exprima le timide désir que la reine vînt un jour visiter le château Saint-Elme et voir de ses propres yeux cette magnifique salle de tortures, bien autrement curieuse, à son avis, que le musée de Capodimonte; mais, quelque crédit que Vanni eût près de Sa Majesté, il n'osa promettre cette faveur royale au digne gouverneur, qui, en poussant un soupir de regret, fut forcé de s'en tenir à la certitude qu'un récit exact serait fait à la reine, et de la peine qu'il s'était donnée et du succès qu'il avait obtenu.

— Et maintenant, mon cher commandant, dit Vanni, remontez et envoyez-moi le prisonnier sans fers, mais sous bonne escorte; j'espère que l'aspect de cette salle l'amènera naturellement à des idées plus raisonnables que celles où il s'est égaré jusqu'ici. Il va sans dire, ajouta Vanni d'un air dégagé, que, si cela vous intéresse de voir donner la torture, vous pouvez, de votre personne, accompagner le prisonnier. Il sera peut-être intéressant, pour un homme d'intelligence comme vous, d'étudier la manière dont je dirigerai cette opération.

5.

Don Roberto exprima au procureur fiscal, en termes chaleureux, sa reconnaissance de la permission qui lui était donnée et dont il déclara vouloir profiter avec bonheur. Et, saluant jusqu'à terre le procureur fiscal, il sortit pour obéir à l'ordre qu'il venait d'en recevoir.

LXI

ULYSSE ET CIRCÉ

A peine le roi était-il, comme nous l'avons vu, sur l'avis du valet de pied, sorti de la salle à manger pour venir rejoindre le cardinal Ruffo dans son appartement, que, comme s'il eût été le seul et unique lien qui retînt entre eux les convives agités d'émotions diverses, chacun s'empressa de regagner son appartement. Le capitaine de Cesare ramena chez elles les vieilles princesses, désespérées de voir qu'après avoir été forcées de fuir de Paris et Rome, devant la Révolution, elles allaient probablement être forcées de fuir Naples, poursuivies toujours par le même ennemi.

La reine prévint sir William qu'après les nouvelles que venait de rapporter son mari, elle avait trop besoin d'une amie pour ne pas garder chez elle sa chère Emma Lyonna. Acton fit appeler son secrétaire Richard pour lui confier le soin de découvrir pour quoi ou pour qui le roi était rentré dans ses appartements. Le duc d'Ascoli, réinstallé dans ses fonctions de chambellan, suivit le roi, avec son habit couvert de plaques et de cordons, pour lui demander s'il n'avait pas besoin de ses services. Le prince de Castelcicala demanda sa voiture et ses chevaux, pressé d'aller à Naples veiller à sa sûreté et à celle de ses amis, cruellement compromises par le triomphe des jacobins français, que devait naturellement suivre le triomphe des jacobins napolitains. Sir William Hamilton remonta chez lui pour rédiger une dépêche à son gouvernement, et Nelson, la tête basse et le cœur préoccupé d'une sombre pensée, regagna sa chambre, que, par une délicate attention, la reine avait eu le soin de choisir pas trop éloignée de celle qu'elle réservait à Emma les nuits où elle la retenait près d'elle, quand toutefois, pendant ces nuits-là, une même chambre et un lit unique ne réunissaient pas les deux amies.

Nelson, lui aussi, comme sir William Hamilton, avait à écrire, mais à écrire une lettre, non point une dépêche. Il n'était point commandant en chef dans la Méditerranée, mais placé sous les ordres de l'amiral lord comte de Saint-Vincent, infériorité qui ne lui était pas trop sensible, l'amiral le traitant plus en ami qu'en inférieur, et la dernière victoire de Nelson l'ayant grandi au niveau des plus hautes réputations de la marine anglaise.

Cette intimité entre Nelson et son commandant en chef est constatée par la correspondance de Nelson avec le comte de Saint-Vincent, qui se trouve dans le tome V de ses *Lettres et Dépêches*, publiées à Londres, et ceux de nos lecteurs qui aiment à consulter les pièces originales pourront recourir à celles, de ces lettres écrites par le vainqueur d'Aboukir, du 22 septembre, époque à laquelle s'ouvre ce récit, au 9 décembre, époque à laquelle nous sommes arrivés. Ils y verront, racontées dans tous leurs détails, les irrésistibles progrès de cette passion insensée que lui inspira lady Hamilton, passion qui devait lui faire oublier le soin de ses devoirs comme amiral, et, comme homme, le soin plus précieux encore de son honneur. Ces lettres, qui peignent le désordre de son esprit et la passion de son cœur, seraient son excuse devant la postérité, si la postérité qui, depuis deux mille ans, a condamné l'amant de Cléopâtre, pouvait revenir sur son jugement.

Aussitôt rentré dans sa chambre, Nelson, profondément préoccupé d'une catastrophe qui allait jeter un grand trouble non-seulement dans les affaires du royaume, mais probablement dans celles de son cœur, en portant l'amirauté anglaise à prendre de nouvelles dispositions relativement à sa flotte de la Méditerranée, Nelson alla droit à son bureau, et, sous l'impression du récit qu'avait fait le roi, si les paroles échappées à la bouche de Ferdinand peuvent s'appeler un récit, il commença la lettre suivante :

A l'amiral lord comte de Saint-Vincent.

« Mon cher lord,

» Les choses ont bien changé de face depuis ma dernière lettre datée de Livourne, et j'ai bien peur que Sa Majesté le roi des Deux-Siciles ne soit sur le point de perdre un de ses royaumes et peut-être tous les deux.

» Le général Mack, ainsi que je m'en étais douté et que je crois même vous l'avoir dit, n'était qu'un fanfaron qui a gagné sa réputation de grand général je ne sais où, mais pas, certes, sur les champs de bataille; il est vrai qu'il avait sous ses ordres une triste armée; mais qui va se douter que soixante mille hommes iront se faire battre par dix mille!

» Les officiers napolitains n'avaient que peu de chose à perdre, mais tout ce qu'ils avaient à perdre, ils l'ont perdu (1). »

Nelson en était là de sa lettre, et, on le voit, le vainqueur d'Aboukir traitait assez durement les vaincus de Civita-Castellana. Peut-être, en effet, avait-il le droit d'être exigeant en matière de courage, ce rude marin qui, enfant, demandait ce que c'était que la peur et ne l'avait jamais connue, tout en laissant à chaque combat auquel il assistait un lambeau de sa chair, de sorte que la balle qui le tua à Trafalgar ne tua plus que la moitié de lui-même et les débris vivants d'un héros. Nelson, disons-nous, en était là de sa lettre, lorsqu'il entendit derrière lui un bruit pareil à celui que ferait le battement des ailes d'un papillon ou d'un sylphe attardé, sautant de fleur en fleur.

Il se retourna et aperçut lady Hamilton.

---

(1) Nous citons les paroles textuelles de Nelson :
« The napolitan officers have no lost much honour, for God knows they had but little to lose; but they lost all they. » *Dépêches et Lettres de Nelson*, t. V, page 195.
Au reste, nous dirons bientôt ce que nous pensons du courage des Napolitains, dans le chapitre où nous traiterons du courage collectif et du courage individuel.

Il jeta un cri de joie.

Mais Emma Lyonna, avec un charmant sourire, approcha un doigt de sa bouche, et, riante et gracieuse comme la statue du silence heureux (on le sait, il y a plusieurs silences), elle lui fit signe de se taire.

Puis, s'avançant jusqu'à son fauteuil, elle se pencha sur le dossier et dit à demi-voix :

— Suivez-moi, Horace; notre chère reine vous attend et veut vous parler avant de revoir son mari.

Nelson poussa un soupir en songeant que quelques mots venus de Londres, en changeant sa destination, pouvaient l'éloigner de cette magicienne, dont chaque geste, chaque mot, chaque caresse était une nouvelle chaîne ajoutée à celles dont il était déjà lié; il se souleva péniblement de son siége, en proie à ce vertige qu'il éprouvait toujours lorsque, après un moment d'absence, il revoyait cette éblouissante beauté.

— Conduisez-moi, lui dit-il; vous savez que je ne vois plus rien dès que je vous vois.

Emma détacha l'écharpe de gaze qu'elle avait enroulée autour de sa tête et dont elle s'était fait une coiffure et un voile, comme on en voit dans les miniatures d'Isabey, et, lui jetant une de ses extrémités qu'il saisit au vol et porta fiévreusement à ses lèvres :

— Venez, mon cher Thésée, lui dit-elle, voici le fil

du labyrinthe, dussiez-vous m'abandonner comme une autre Ariane. Seulement, je vous préviens que, si ce malheur m'arrive, je ne me laisserai consoler par personne, fût-ce par un dieu!

Elle marcha la première, Nelson la suivit; elle l'eût conduit en enfer, qu'il y fût descendu avec elle.

— Tenez, ma bien-aimée reine, dit Emma, je vous amène celui qui est à la fois mon roi et mon esclave, le voici.

La reine était assise sur un sofa dans le boudoir qui séparait la chambre d'Emma Lyonna de sa chambre; une flamme mal éteinte brillait dans ses yeux; cette fois, c'était celle de la colère.

— Venez ici, Nelson, mon défenseur, dit-elle, et asseyez-vous près de moi; j'ai véritablement besoin que la vue et le contact d'un héros me console de notre abaissement... L'avez-vous vu, continua-t-elle en secouant dédaigneusement la tête de haut en bas, l'avez-vous vu, ce bouffon couronné se faisant le messager de sa propre honte? L'avez-vous entendu raillant lui-même sa propre lâcheté? Ah! Nelson, Nelson, il est triste, quand on est reine orgueilleuse et femme vaillante, d'avoir pour époux un roi qui ne sait tenir ni le sceptre ni l'épée!

Elle attira Nelson près d'elle; Emma s'assit à terre sur des coussins et couvrit de son regard magnétique, tout en jouant avec ses croix et ses rubans, — comme Amy Robsart avec le collier de Leicester, — celui qu'elle avait mission de fasciner.

— Le fait est, madame, dit Nelson, que le roi est un grand philosophe.

La reine regarda Nelson en contractant ses beaux sourcils.

— Est-ce sérieusement que vous décorez du nom de philosophie, dit-elle, cet oubli de toute dignité? Qu'il n'ait pas le génie d'un roi, ayant été élevé en lazzarone, cela se conçoit, le génie est un mets dont le ciel est avare; mais n'avoir pas le cœur d'un homme! En vérité, Nelson, c'était d'Ascoli qui, ce soir, avait, non-seulement l'habit, mais le cœur d'un roi; le roi n'était que le laquais de d'Ascoli, et quand on pense que, si ces jacobins dont il a si grand'peur l'avaient pris, il l'eût laissé pendre sans dire une parole pour le sauver!... Être à la fois la fille de Marie-Thérèse et la femme de Ferdinand, c'est, vous en conviendrez, une de ces fantaisies du hasard qui feraient douter de la Providence.

— Bon! dit Emma, ne vaut-il pas mieux que cela soit ainsi, et ne voyez-vous pas que c'est un miracle de la Providence, que d'avoir fait tout à la fois de vous un roi et une reine! Mieux vaut être Sémiramis qu'Artémise, Élisabeth que Marie de Médicis.

— Oh! s'écria la reine sans écouter Emma, si j'étais homme, si je portais une épée !

— Elle ne vaudrait jamais mieux que celle-là, dit Emma en jouant avec celle de Nelson, et, du moment que celle-là vous protége, il n'est pas besoin d'une autre, Dieu merci !

Nelson posa sa main sur la tête d'Emma et la regarda avec l'expression d'un amour infini.

— Hélas! chère Emma, lui dit-il, Dieu sait que les paroles que je vais prononcer me brisent le cœur en s'en échappant; mais croyez-vous que j'eusse soupiré tout à l'heure en vous voyant à l'heure où je m'y attendais le moins, si je n'avais pas, moi aussi, mes terreurs?

— Vous? demanda Emma.

— Oh! je devine ce qu'il veut dire, s'écria la reine en portant son mouchoir à ses yeux; oh! je pleure, oui, c'est vrai, mais ce sont des larmes de rage...

— Oui; mais, moi, je ne devine pas, dit Emma, et ce que je ne devine pas, il faut qu'on me l'explique. Nelson, qu'entendez-vous par vos terreurs? Parlez, je le veux !

Et, lui jetant un bras autour du cou et se soulevant gracieusement à l'aide de ce bras, elle baisa son front mutilé.

— Emma, lui dit Nelson, croyez bien que, si ce

front qui rayonne d'orgueil sous vos lèvres, ne rayonne pas en même temps de joie, c'est que j'entrevois dans un prochain avenir une grande douleur.

— Moi, je n'en connais qu'une au monde, dit lady Hamilton, ce serait d'être séparée de vous.

— Vous voyez bien que vous avez deviné, Emma.

— Nous séparer! s'écria la jeune femme avec une expression de terreur admirablement jouée; et qui pourrait nous séparer maintenant?

— Oh! mon Dieu! les ordres de l'Amirauté, un caprice de M. Pitt; ne peut-on pas m'envoyer prendre la Martinique et la Trinité, comme on m'a envoyé à Calvi, à Ténériffe, à Aboukir? A Calvi, j'ai laissé un œil; à Ténériffe, un bras; à Aboukir, la peau de mon front. Si l'on m'envoie à la Martinique ou à la Trinité, je demande à y laisser la tête et que tout soit fini.

— Mais, si vous receviez un ordre comme celui-là, vous n'obéiriez pas, je l'espère?

— Comment ferais-je, chère Emma?

— Vous obéiriez à l'ordre de me quitter?

— Emma! Emma! ne voyez-vous pas que vous vous mettez entre mon devoir et mon amour... C'est faire de moi un traître ou un désespéré.

— Eh bien, répliqua Emma, j'admets que vous

ne puissiez pas dire à Sa Majesté George III : « Sire, je ne veux pas quitter Naples, parce que j'aime comme un fou la femme de votre ambassadeur, qui, de son côté, m'aime à en perdre la tête; » mais vous pouvez bien lui dire : « Mon roi, je ne veux pas quitter une reine dont je suis le seul soutien, le seul appui, le seul défenseur; vous vous devez protection entre têtes couronnées et vous répondez les uns des autres à Dieu qui vous a faits ses élus; » et si vous ne lui dites point cela parce qu'un sujet ne parle pas ainsi à son roi, sir William, qui a sur un frère de lait des droits que vous n'avez pas, sir William peut le lui dire.

— Nelson, dit la reine, peut-être suis-je bien égoïste, mais, si vous ne nous protégez pas, nous sommes perdus, et, lorsqu'on vous présente la question sous ce jour d'un trône à maintenir, d'un royaume à protéger, ne trouvez-vous pas qu'elle s'agrandit au point qu'un homme de cœur comme vous risque quelque chose pour nous sauver?

— Vous avez raison, madame, répondit Nelson, je ne voyais que mon amour; ce n'est pas étonnant : cet amour, c'est l'étoile polaire de mon cœur. Votre Majesté me rend bien heureux en me montrant un dévouement où je ne voyais qu'une passion. Cette nuit même, j'écrirai à mon ami lord Saint-Vincent, ou plutôt j'achèverai la lettre déjà commencée pour lui. Je le prierai, je le supplierai de me laisser, mieux encore, de m'attacher à votre service; il comprendra cela, il écrira à l'amirauté.

— Et, dit Emma, sir William, de son côté, écrira directement au roi et à M. Pitt.

— Comprenez-vous, Nelson, continua la reine, combien nous avons besoin de vous et quels immenses services vous pouvez nous rendre! Nous allons être, selon toute probabilité, forcés de quitter Naples, de nous exiler.

— Croyez-vous donc les choses si désespérées, madame?

La reine secoua la tête avec un triste sourire.

— Il me semble, continua Nelson, que, si le roi voulait...

— Ce serait un malheur qu'il voulût, Nelson, un malheur pour moi, je m'entends. Les Napolitains me détestent; c'est une race jalouse de tout talent, de toute beauté, de tout courage; toujours courbés sous le joug allemand, français ou espagnol, ils appellent étrangers et haïssent et calomnient tout ce qui n'est pas Napolitain; ils haïssent Acton parce qu'il est né en France; ils haïssent Emma parce qu'elle est née en Angleterre; ils me haïssent, moi, parce que je suis née en Autriche. Supposez que, par un effort de courage dont le roi n'est point capable, on rallie les débris de l'armée et que l'on arrête les Français dans le défilé des Abruzzes, les jacobins de Naples laissés à eux-mêmes profitent de l'absence des troupes et se soulèvent, et alors les horreurs de la France en 1792 et 1793 se renouvellent ici. Qui vous dit qu'ils ne nous traiteront pas, moi, comme Marie-Antoinette, et, Emma, comme la princesse de Lamballe? Le roi s'en tirera toujours, grâce à ses lazzaroni qui l'adorent; il a pour lui l'égide de la nationalité; mais Acton, mais Emma, mais moi, cher Nelson, nous sommes perdus. Maintenant, n'est-ce point un grand rôle que celui qui vous est réservé par la Providence, si vous arrivez à faire pour moi ce que Mirabeau, ce que M. de Bouillé, ce que le roi de Suède, ce que Barnave, ce que M. de la Fayette, ce que mes deux frères, enfin, deux empereurs n'ont pu faire pour la reine de France?

— Ce serait une gloire trop grande, et à laquelle je n'aspire pas, madame, dit Nelson, une gloire éternelle.

— Puis n'avez-vous point à faire valoir ceci, Nelson, que c'est par notre dévouement à l'Angleterre que nous sommes compromis? Si, fidèle aux traités avec la République, le gouvernement des Deux-Siciles ne vous avait point permis de prendre de l'eau, des vivres, de réparer vos avaries à Syracuse, vous étiez forcé d'aller vous ravitailler à Gibraltar et vous ne trouviez plus la flotte française à Aboukir.

— C'est vrai, madame, et c'était moi qui étais perdu alors; un procès infamant m'était réservé à la place d'un triomphe. Comment dire : « J'avais les yeux fixés sur Naples, » quand mon devoir était de regarder du côté de Tunis?

— Enfin, n'est-ce point à propos des fêtes que, dans notre enthousiasme pour vous, nous vous avons données, que cette guerre a éclaté? Non, Nelson, le sort du royaume des Deux-Siciles est lié à vous, et vous êtes lié, vous, au sort de ses souverains. On dira dans l'avenir : « Ils étaient abandonnés de tous, de leurs alliés, de leurs amis, de leurs parents; ils avaient le monde contre eux, ils eurent Nelson pour eux, Nelson les sauva. »

Et, dans le geste que fit la reine en prononçant ces paroles, elle étendit la main vers Nelson; Nelson saisit cette main, mit un genou en terre et la baisa.

— Madame, dit Nelson se laissant aller à l'enthousiasme de la flatterie de la reine, Votre Majesté me promet une chose?

— Vous avez le droit de tout demander à ceux qui vous devront tout.

— Eh bien, je vous demande votre parole royale,

madame, que, du jour où vous quitterez Naples, ce sera le vaisseau de Nelson, et nul autre, qui conduira en Sicile votre personne sacrée.

— Oh! ceci, je vous le jure, Nelson, et j'ajoute que, là où je serai, ma seule, mon unique, mon éternelle amie, ma chère Emma Lyonna sera avec moi.

Et, d'un mouvement plus passionné peut-être que ne le permettait cette amitié, toute grande qu'elle était, la reine prit la tête d'Emma entre ses deux mains, l'approcha vivement de ses lèvres et la baisa sur les deux yeux.

— Ma parole vous est engagée, madame, dit Nelson. A partir de ce moment, vos amis sont mes amis et vos ennemis mes ennemis, et, dussé-je me perdre en vous sauvant, je vous sauverai.

— Oh! s'écria Emma, tu es bien le chevalier des rois et le champion des trônes! tu es bien tel que j'avais rêvé l'homme auquel je devais donner tout mon amour et tout mon cœur!

Et, cette fois, ce ne fut plus sur le front cicatrisé du héros, mais sur les lèvres frémissantes de l'amant que la moderne Circé appliqua ses lèvres.

En ce moment, on gratta doucement à la porte.

— Entrez là, chers amis, de mon cœur, dit la reine

en leur montrant la chambre d'Emma; c'est Acton qui vient me rendre une réponse.

Nelson, enivré de louanges, d'amour, d'orgueil, entraîna Emma dans cette chambre à l'atmosphère parfumée, dont la porte sembla se refermer d'elle-même sur eux.

En une seconde, le visage de la reine changea d'expression, comme si elle eût mis ou ôté un masque; son œil s'endurcit, et, d'une voix brève, elle prononça ce seul mot :

— Entrez.

C'était Acton, en effet.

— Eh bien, demanda-t-elle, qui attendait Sa Majesté?

— Le cardinal Ruffo, répondit Acton.

— Vous ne savez rien de ce qu'ils ont dit?

— Non, madame; mais je sais ce qu'ils ont fait.

— Qu'ont-ils fait?

— Ils ont envoyé chercher Ferrari.

— Je m'en doutais. Raison de plus, Acton, pour ce que vous savez.

— A la première occasion, ce sera fait. Votre Majesté n'a pas autre chose à m'ordonner?

— Non, répondit la reine.

Acton salua et sortit.

La reine jeta un coup d'œil jaloux sur la chambre d'Emma et rentra silencieusement dans la sienne.

LXII

L'INTERROGATOIRE DE NICOLINO

Les quelques moments qui s'écoulèrent entre la sortie du commandant don Roberto Brandi et l'entrée du prisonnier furent employés par le procureur fiscal à passer sur ses habits de ville une robe de juge, à coiffer sa tête maigre et longue d'une perruque énorme qui devait, selon lui, ajouter à la majesté de son visage et à couvrir cette perruque elle-même d'un bonnet carré.

Le greffier commença par poser sur la table, comme pièces de conviction, les deux pistolets marqués d'une N et la lettre de la marquise de San-Clemente ; puis il procéda à la même toilette qu'avait faite son supérieur, toute proportion de rang gardée, c'est-à-dire qu'il mit une robe plus étroite, une perruque moins grosse, une toque moins haute.

Après quoi, il s'assit à sa petite table.

Le marquis Vanni prit place à la grande, et, comme c'était un homme d'ordre, il rangea son papier devant lui de manière qu'une feuille ne dépassât point l'autre, s'assura qu'il y avait de l'encre dans son encrier, examina le bec de sa plume, le rafraîchit avec un canif, en égalisa les deux pointes en les coupant sur son ongle, tira de sa poche une tabatière d'or ornée du portrait de Sa Majesté, la plaça à la portée de sa main, moins pour y puiser la poudre qu'elle contenait que pour jouer avec elle de cet air indifférent du juge qui joue aussi insoucieusement avec la vie d'un homme qu'il joue avec sa tabatière, et attendit Nicolino Caracciolo dans la pose qu'il crut la plus propre à faire de l'effet sur son prisonnier.

Par malheur, Nicolino Caracciolo n'était point de caractère à se sé laisser imposer par les poses du marquis Vanni; la porte qui s'était refermée sur le commandant s'ouvrit dix minutes après devant le prisonnier, et Nicolino Caracciolo, mis avec une élégance qui ne dénonçait en aucune manière le séjour peu confortable de la prison, entra le sourire sur les lèvres, en fredonnant d'une voix assez juste le *Pria che spunti l'aurora* du *Matrimonio segreto*.

Il était accompagné de quatre soldats et suivi du gouverneur.

Deux soldats restèrent à la porte, deux autres s'avancèrent à la droite et à la gauche du prisonnier, lequel marcha droit à la sellette qui lui était préparée, regarda avant de s'asseoir autour de lui avec la plus grande attention, murmura en français les trois syllabes : *Tiens! tiens! tiens!* lesquelles sont destinées, comme on sait, à exprimer un côté comique de l'étonnement, et, s'adressant avec la plus grande politesse au procureur fiscal :

— Est-ce que, par hasard, monsieur le marquis, lui demanda-t-il, vous auriez lu *les Mystères d'Udolphe?*

— Qu'est-ce que cela, *les Mystères d'Udolphe?* demanda Vanni répondant à son tour, comme Nicolino avait l'habitude de le faire, à une question par une autre question.

— C'est un nouveau roman d'une dame anglaise nommée Anne Radcliffe.

— Je ne lis pas de romans, entendez-vous, monsieur, répondit le juge d'une voix pleine de dignité.

— Vous avez tort, monsieur, très-grand tort; il y en a de fort amusants, et je voudrais bien en avoir un à lire dans mon cachot, s'il y faisait clair.

— Monsieur, je désire que vous vous pénétriez de cette vérité...

— De laquelle, monsieur le marquis?

— C'est que nous sommes ici pour nous occuper d'autre chose que de romans. Asseyez-vous.

— Merci, monsieur le marquis; je voulais seulement vous dire qu'il y avait, dans *les Mystères d'Udolphe*, la description d'une chambre parfaitement pareille à celle-ci; c'est dans cette salle que le chef des brigands tenait ses séances.

Vanni appela à son aide toute sa dignité.

— J'espère, prévenu, que cette fois...

Nicolino l'interrompit.

— D'abord, je ne m'appelle pas prévenu, vous le savez bien.

— Il n'y a pas de degré social devant la loi, vous êtes prévenu.

— Je l'accepte comme verbe, mais non comme substantif; voyons, de quoi suis-je prévenu?

— Vous êtes prévenu de complot envers l'État.

— Allons, bon! voilà que vous retombez dans votre manie.

— Et vous dans votre irrévérence envers la justice.

— Moi irrévérent envers la justice? Ah! monsieur le marquis, vous me prenez pour un autre, Dieu

6.

merci! nul ne respecte et ne vénère la justice plus que moi. La justice! mais c'est la parole de Dieu sur la terre. Oh! que non! je ne suis pas si impie que d'être irrévérent envers la justice. Ah! envers les juges, c'est autre chose, je ne dis pas.

Vanni frappa avec impatience la terre du pied.

— Êtes-vous enfin décidé à répondre aujourd'hui aux questions que je vais vous faire?

— C'est selon les questions que vous me ferez.

— Prévenu!... s'écria Vanni avec impatience.

— Encore, fit Nicolino en haussant les épaules; mais, voyons, qu'est-ce que cela vous fait de m'appeler prince ou duc? Je n'ai point de préférence pour l'un ou l'autre de ces deux noms. Je vous appelle bien marquis, moi, et, à coup sûr, quoique j'aie à peine le tiers de votre âge, je suis prince ou duc depuis plus longtemps que vous n'êtes marquis.

— C'est bien, assez sur ce chapitre... Votre âge?

Nicolino tira de son gousset une montre magnifique.

— Vingt et un ans trois mois huit jours cinq heures sept minutes trente-deux secondes. J'espère, cette fois, que vous ne m'accuserez pas de manquer de précision.

— Votre nom?

— Nicolino Caracciolo, toujours.

— Votre domicile?

— Au château Saint-Elme, cachot numéro 3, au second au-dessous de l'entre-sol.

— Je ne vous demande pas où vous demeurez à présent; je vous demande où vous demeuriez quand vous avez été arrêté?

— Je ne demeurais nulle part, j'étais dans la rue.

— C'est bien. Peu importe votre réponse, on sait votre domicile.

— Alors, je vous dirai comme Agamemnon à Achille :

Pourquoi le demander, puisque vous le savez?

— Faisiez-vous partie de la réunion de conspirateurs qui était assemblée, du 22 au 23 septembre, dans les ruines du palais de la reine Jeanne?

— Je ne connais pas de palais de la reine Jeanne à Naples.

— Vous ne connaissez pas les ruines du palais de la reine Jeanne au Pausilippe, presque en face de la maison que vous habitez?

— Pardon, monsieur le marquis. Qu'un homme du peuple, un cocher de fiacre, un cicerone, voire même un ministre de l'instruction publique, — Dieu sait où l'on prend les ministres dans notre époque! — fasse une pareille erreur, cela se comprend; mais vous, un archéologue, vous tromper en architecture de deux siècles et demi, et en histoire de cinq cents ans, je ne vous pardonne pas cela! Vous voulez dire les ruines du palais d'Anna Caraffa, femme du duc de Medina, le favori de Philippe IV, qui n'est pas morte étouffée comme Jeanne Ire, ni empoisonnée comme Jeanne II... — remarquez que je n'affirme pas le fait, le fait étant resté douteux, — mais mangée aux poux comme Sylla et comme Philippe II... Cela n'est pas permis, monsieur Vanni, et, si la chose se répandait, on vous prendrait pour un vrai marquis!

— Eh bien, dans les ruines du palais d'Anna Caraffa, si vous l'aimez mieux.

— Oui, je l'aime mieux; j'aime toujours mieux la vérité; je suis de l'école du philosophe de Genève, et j'ai pour devise : *Vitam impendere vero*. Bon! si je parle latin, voilà qu'on va me prendre pour un faux duc!

— Étiez-vous dans les ruines du palais d'Anna Caraffa pendant la nuit du 22 au 23 septembre? Répondez oui ou non! insista Vanni furieux.

— Et que diable eussé-je été y chercher? Vous ne vous rappelez donc pas le temps qu'il faisait pendant la nuit du 22 au 23 septembre?

— Je vais vous dire ce que vous alliez y faire, moi : vous alliez y conspirer.

— Allons donc! je ne conspire jamais quand il pleut; c'est déjà assez ennuyeux par le beau temps.

— Avez-vous, ce soir-là, prêté votre redingote à quelqu'un?

— Pas si niais, par une nuit pareille, quand il pleuvait à torrents, prêter ma redingote! mais, si j'en avais eu deux, je les eusse mises l'une sur l'autre.

— Reconnaissez-vous ces pistolets?

— Si je les reconnaissais, je vous dirais qu'on me les a volés; et, comme votre police est très-mal faite, vous ne retrouveriez pas le voleur, ce qui serait humiliant pour votre police ; or, je ne veux humilier personne, je ne reconnais pas ces pistolets.

— Ils sont cependant marqués d'une N.

— N'y a-t-il que moi dont le nom commence par une N à Naples?

— Reconnaissez-vous cette lettre?

Et Vanni montra au prisonnier la lettre de la marquise de San-Clemente.

— Pardon, monsieur le marquis, mais il faudrait que je la visse de plus près.

— Approchez-vous.

Nicolino regarda l'un après l'autre les deux soldats qui se tenaient à sa droite et sa gauche :

— È permesso ? dit-il.

Les deux soldats s'écartèrent ; Nicolino s'approcha de la table, prit la lettre et la regarda.

— Fi donc ! demander à un galant homme s'il reconnaît une lettre de femme ! Oh ! monsieur le marquis !

Et, approchant tranquillement la lettre d'un des candélabres, il y mit le feu.

Vanni se leva furieux.

— Que faites-vous donc ? s'écria-t-il.

— Vous le voyez bien, je la brûle ; il faut toujours brûler les lettres de femme, ou sinon les pauvres créatures sont compromises.

— Soldats !... s'écria Vanni.

— Ne vous dérangez pas, dit Nicolino en soufflant les cendres au nez de Vanni, c'est fait.

Et il alla tranquillement se rasseoir sur la sellette.

— C'est bon, dit Vanni, rira bien qui rira le dernier.

— Je n'ai ri ni le premier ni le dernier, monsieur, dit Nicolino avec hauteur ; je parle et j'agis en honnête homme, voilà tout.

Vanni poussa une espèce de rugissement ; mais sans doute n'était-il pas au bout de ses questions, car il parut se calmer, quoiqu'il secouât furieusement sa tabatière dans sa main droite.

— Vous êtes le neveu de Francesco Caracciolo? reprit Vanni.

— J'ai cet honneur, monsieur le marquis, répondit tranquillement Nicolino en s'inclinant.

— Le voyez-vous souvent?

— Le plus que je puis.

— Vous savez qu'il est infecté de mauvais principes?

— Je sais que c'est le plus honnête homme de Naples et le plus fidèle sujet de Sa Majesté, sans vous exepter, monsieur le marquis.

— Avez-vous entendu dire qu'il ait eu affaire aux républicains?

— Oui, à Toulon, où il s'est battu contre eux si glorieusement, qu'il doit aux différents combats qu'il leur a livrés le grade d'amiral.

— Allons, dit Vanni comme s'il prenait une résolution subite, je vois que vous ne parlerez pas.

— Comment! vous trouvez que je ne parle point assez, je parle presque tout seul.

— Je dis que nous ne tirerons aucun aveu de vous par la douceur.

— Ni par la force, je vous en préviens.

— Nicolino Caracciolo, vous ne savez pas jusqu'où peuvent s'étendre mes pouvoirs de juge.

— Non, je ne sais pas jusqu'où peut s'étendre la tyrannie d'un roi.

— Nicolino Caracciolo, je vous préviens que je vais être forcé de vous appliquer à la torture.

— Appliquez, marquis, appliquez; cela fera toujours passer un instant; on s'ennuie tant en prison!

Et Nicolino Caracciolo étira ses bras en bâillant.

— Maître Donato! s'écria le procureur fiscal exaspéré, faites voir au prévenu la chambre de la question.

Maître Donato tira un cordon, les rideaux s'ouvrirent; Nicolino put donc voir le bourreau, ses deux aides et les formidables instruments de torture dont il était entouré.

— Tiens! fit Nicolino décidé à ne reculer devant rien : voici une collection qui me paraît fort curieuse; peut-on la voir de plus près?

— Vous vous plaindrez de la voir de trop près tout à l'heure, malheureux pécheur endurci!

— Vous vous trompez, marquis, répondit Nicolino en secouant sa belle et noble tête, je ne me plains jamais, je me contente de mépriser.

— Donato, Donato! s'écria le procureur fiscal, emparez-vous du prévenu.

La grille tourna sur ses gonds, mettant en communication la chambre de l'interrogatoire avec la salle de torture, et Donato s'avança vers le prisonnier.

— Vous êtes cicerone? demanda le jeune homme.

— Je suis le bourreau, répondit maître Donato.

— Marquis Vanni, dit Nicolino en pâlissant légèrement, mais le sourire sur les lèvres et sans donner aucune autre marque d'émotion, présentez-moi à monsieur; selon les lois de l'étiquette anglaise, il n'aurait le droit de me parler ni de me toucher, si je ne lui étais pas présenté, et, vous le savez, nous vivons sous les lois anglaises depuis l'entrée à la cour de madame l'ambassadrice d'Angleterre.

— A la torture! à la torture! hurla Vanni.

— Marquis, dit Nicolino, je crois que vous vous privez par votre précipitation d'un grand plaisir.

— Lequel? demanda Vanni haletant.

— Celui de m'expliquer vous-même l'usage de chacune de ces ingénieuses machines; qui sait si cette explication ne suffirait point à vaincre ce que vous appelez mon obstination?

— Tu as raison, quoique ce soit un moyen pour toi de retarder l'heure que tu redoutes.

— Aimez-vous mieux tout de suite? dit Nicolino

en regardant fixement Vanni ; quant à moi, cela m'est égal.

Vanni baissa les yeux.

— Non, répliqua-t-il, il ne sera point dit que j'aurai refusé à un prévenu, si coupable qu'il soit, le délai qu'il a demandé.

En effet, Vanni comprenait qu'il y avait pour lui une jouissance amère et une sombre vengeance dans l'énumération à laquelle il allait se livrer, puisqu'il faisait précéder la torture physique d'une torture morale pire que la première peut-être.

— Ah ! fit Nicolino en riant, je savais bien que l'on obtenait tout de vous par le raisonnement, et, d'abord, voyons, monsieur le procureur fiscal, commençons par cette corde pendue au plafond et glissant sur une poulie.

— C'est, en effet, par là que l'on commence.

— Voyez ce que c'est que le hasard ! Nous disions donc que cette corde... ?

— C'est ce que l'on appelle l'estrapade, mon jeune ami.

Nicolino salua.

— On lie le patient les mains derrière le dos, on lui met aux pieds des poids plus ou moins lourds, on le soulève par cette corde jusqu'au plafond, puis on le laisse retomber par secousses jusqu'à un pied de terre.

— Ce doit être un moyen infaillible de faire grandir les gens... Et, continua Nicolino, cette espèce de casque pendu à la muraille, comment cela s'appelle-t-il?

— C'est la *cuffia del silenzio*, très-bien nommée ainsi, attendu que plus on souffre, moins on peut crier. On met la tête du patient dans cette boîte de fer, et, à l'aide de cette vis que l'on tourne, la boîte se rétrécit ; au troisième tour, les yeux sortent de leur orbite et la langue de la bouche.

— Qu'est-ce que ce doit être au sixième, mon Dieu! fit Nicolino avec sa même intonation railleuse. Et ce fauteuil en tôle avec des clous en fer et une espèce de réchaud dessous, a-t-il son utilité?

— Vous allez le voir. On y assied le patient tout nu, on l'attache solidement aux bras du fauteuil et l'on allume du feu dans le réchaud.

— C'est moins commode que le gril de saint Laurent; vous ne pouvez pas le retourner. Et ces coins, ce maillet et ces planches?

— C'est la question des brodequins : on met entre quatre planches les jambes de celui à qui on veut la donner, on les lie avec une corde, et, à l'aide de ce maillet, on enfonce ces coins-là entre les planches du milieu.

— Pourquoi ne pas les passer tout de suite entre le tibia et le péroné? Ce serait plus court!... Et ce chevalet entouré de coquemars?

—C'est avec cela qu'on donne la question de l'eau : on couche le patient sur le chevalet de manière qu'il ait la tête et les pieds plus bas que l'estomac, et on lui entonne dans la bouche jusqu'à cinq ou six pintes d'eau.

— Je doute que les toasts que l'on porte à votre santé de cette façon-là, marquis, vous portent bonheur.

— Voulez-vous continuer?

—Ma foi, non, cela me donne un trop grand mépris pour les inventeurs de toutes ces machines, et surtout pour ceux qui s'en servent. J'aime décidément mieux être accusé que juge, patient que bourreau.

— Vous refusez de faire des aveux?

— Plus que jamais.

—Songez que ce n'est plus l'heure de plaisanter.

— Par quelle torture vous plaît-il de commencer, monsieur?

— Par l'estrapade, répondit Vanni exaspéré de ce sang-froid. Exécuteur, enlevez l'habit de monsieur.

— Pardon! si vous voulez bien le permettre, je l'ôterai moi-même ; je suis très-chatouilleux.

Et, avec la plus grande tranquillité, Nicolino enleva son habit, sa veste et sa chemise, mettant au jour un torse juvénile et blanc, un peu maigre peut-être, mais de forme parfaite.

— Encore une fois, vous ne voulez pas avouer? cria Vanni en secouant désespérément sa tabatière.

— Allons donc! répondit Nicolino, est-ce qu'un gentilhomme a deux paroles? Il est vrai, ajouta-t-il dédaigneusement, que vous ne pouvez point savoir cela, vous.

— Liez-lui les mains derrière le dos, liez-lui les mains, cria Vanni; attachez-lui un poids de cent livres à chaque pied et levez-le jusqu'au plafond.

Les aides du bourreau se précitèrent sur Nicolino pour exécuter l'ordre du procureur fiscal.

— Un instant, un instant ! cria maître Donato, des égards, des précautions. Il faut que cela dure ; disloquez, mais ne cassez pas; c'est de la *roba* aristocratique.

Et lui-même, avec toute sorte d'égards et de précautions comme il avait dit, il lui lia les mains derrière le dos, tandis que les deux aides lui attachaient les poids aux pieds.

— Tu ne veux pas avouer? tu ne veux pas

avouer? cria Vanni en s'approchant de Nicolino.

— Si fait; approchez encore, dit Nicolino.

Vanni s'approcha; Nicolino lui cracha au visage.

— Sang du Christ! s'écria Vanni, enlevez! enlevez!

Le bourreau et ses aides s'apprêtaient à obéir, quand le commandant Roberto Brandi, s'approchant vivement du procureur fiscal :

— Un billet très-pressé du prince de Castelcicala, lui dit-il.

Vanni prit le billet en faisant signe aux exécuteurs d'attendre qu'il eût lu.

Il ouvrit le billet; mais à peine y eut-il jeté les yeux, qu'une pâleur livide envahit son visage.

Il le relut une seconde fois et devint plus pâle encore.

Puis, après un moment de silence, passant son mouchoir sur son front ruisselant de sueur :

— Détachez le patient, dit-il, et reconduisez-le dans sa prison.

— Eh bien, mais la question? demanda maître Donato.

— Ce sera pour un autre jour, répondit Vanni.

Et il s'élança hors du cachot sans même donner à son greffier l'ordre de le suivre.

— Et votre ombre, monsieur le procureur fiscal? lui cria Nicolino. Vous oubliez votre ombre!

On détacha Nicolino, qui remit sa chemise, sa veste et sa redingote avec le même calme qu'il les avait ôtées.

— Métier du diable, s'écria maître Donato, on n'y est jamais sûr de rien !

Nicolino parut touché de ce désappointement du bourreau.

— Combien gagnez-vous par an, mon ami? lui demanda-t-il.

— J'ai quatre cents ducats de fixe, Excellence, dix ducats par exécution et quatre ducats par torture; mais il y a plus de trois ans que, par l'entêtement du tribunal, on n'a exécuté personne; et, vous le voyez, au moment de vous donner la torture, contre-ordre! J'aurais plus de bénéfice à donner ma démission de bourreau et à me faire sbire, comme mon ami Pasquale de Simone.

— Tenez, mon cher, dit Nicolino en tirant de sa poche trois pièces d'or, vous m'attendrissez; voici douze ducats. Qu'il ne soit pas dit que l'on vous a dérangé pour rien.

Maître Donato et ses deux aides saluèrent.

Alors, Nicolino, se retournant vers Roberto Brandi, qui ne comprenait rien lui-même à ce qui s'était passé :

— N'avez-vous pas entendu, commandant? lui dit-il. M. le procureur fiscal vous a ordonné de me reconduire en prison.

Et, se remettant de lui-même au milieu des soldats qui l'avaient amené, il sortit de la salle de l'interrogatoire et regagna son cachot.

Peut-être le lecteur attend-il maintenant l'explication du changement qui s'était fait sur la physionomie du marquis Vanni en lisant le billet du prince de Castelcicala, et de l'ordre donné de remettre la torture à un autre jour, après l'avoir lu.

L'explication sera bien simple; elle consistera à mettre sous les yeux du lecteur le texte même du billet; le voici :

« Le roi est arrivé cette nuit. L'armée napolitaine est battue; les Français seront ici dans quinze jours.

» C. »

Or, le marquis Vanni avait réfléchi que ce n'était point au moment où les Français allaient entrer à Naples qu'il était opportun de donner la torture à un prisonnier accusé pour tout crime d'être partisan des Français.

Quant à Nicolino, qui, malgré tout son courage, était menacé d'une rude épreuve, il rentra dans le cachot numéro 3, au second au-dessous de l'entre-sol, comme il disait, sans savoir à quel heureux hasard il devait d'en être quitte à si bon marché.

LXIII

L'ABBÉ PRONIO

Vers la même heure où le procureur fiscal Vanni faisait reconduire Nicolino à son cachot, le cardinal Ruffo, pour accomplir la promesse qu'il avait faite pendant la nuit au roi, se présentait à la porte de ses appartements.

L'ordre était donné de le recevoir. Il pénétra donc sans aucun empêchement jusqu'au roi.

Le roi était en tête-à-tête avec un homme d'une quarantaine d'années. On pouvait reconnaître cet homme pour un abbé à une imperceptible tonsure qui disparaissait au milieu d'une forêt de cheveux noirs. Il était, au reste, vigoureusement découplé et paraissait plutôt fait pour porter l'uniforme de carabinier que la robe ecclésiastique.

Ruffo fit un pas en arrière.

— Pardon, sire, dit-il, mais je croyais trouver Votre Majesté seule.

— Entrez, entrez, mon cher cardinal, dit le roi, vous n'êtes point de trop; je vous présente l'abbé Pronio.

— Pardon, sire, dit Ruffo en souriant, mais je ne connais pas l'abbé Pronio.

— Ni moi non plus, dit le roi. Monsieur entre une minute avant Votre Éminence; il vient de la part de mon directeur, monseigneur Rossi, évêque de Nicosia; M. l'abbé ouvrait la bouche pour me raconter ce qui l'amène, il le racontera à nous deux au lieu de le raconter à moi tout seul. Tout ce que je sais, par le peu de mots que M. l'abbé m'a dits, c'est que c'est un homme qui parle bien et qui promet d'agir encore mieux. Racontez votre affaire: M. le cardinal Ruffo est de mes amis.

— Je le sais, sire, dit l'abbé en s'inclinant devant le cardinal, et des meilleurs même.

— Si je n'ai pas l'honneur de connaître M. l'abbé Pronio, vous voyez qu'en échange M. l'abbé Pronio me connaît.

— Et qui ne vous connaît pas, monsieur le cardinal, vous, le fortificateur d'Ancône! vous, l'inventeur d'un nouveau four à chauffer les boulets rouges!

— Ah! vous voilà pris, mon éminentisme. Vous

vous attendiez à ce que l'on vous fît des compliments sur votre éloquence et votre sainteté, et voilà qu'on vous en fait sur vos exploits militaires.

— Oui, sire, et plût à Dieu que Votre Majesté eût confié le commandement de l'armée à Son Éminence au lieu de le confier à un fanfaron autrichien.

— L'abbé, vous venez de dire une grande vérité, dit le roi en posant sa main sur l'épaule de Pronio.

Ruffo s'inclina.

— Mais je présume, dit-il, que M. l'abbé n'est pas venu seulement pour dire des vérités qu'il me permettra de prendre pour des louanges.

— Votre Éminence a raison, dit Pronio en s'inclinant à son tour; mais une vérité dite de temps en temps et quand l'occasion s'en présente, quoiqu'elle puisse parfois nuire à l'imprudent qui la dit, ne peut jamais nuire au roi qui l'entend.

— Vous avez de l'esprit, monsieur, dit Ruffo.

— Eh bien, c'est l'effet qu'il m'a fait tout de suite, dit le roi; et cependant il n'est que simple abbé, quand j'ai, à la honte de mon ministre des cultes, dans mon royaume tant d'ânes qui sont évêques !

— Tout cela ne nous dit pas ce qui amène l'abbé près de Votre Majesté ?

— Dites, dites, l'abbé ! le cardinal me rappelle que j'ai affaire; nous vous écoutons.

— Je serai bref, sire. J'étais hier, à neuf heures du soir, chez mon neveu, qui est maître de poste.

— Tiens, c'est vrai, dit le roi, je cherchais où je vous avais déjà vu. Je me rappelle maintenant, c'est là.

— Justement, sire. Dix minutes auparavant, un courrier était passé, avait commandé des chevaux et avait dit au maître de poste : « Surtout ne faites pas attendre, c'est pour un très-grand seigneur; » et il était reparti en riant. La curiosité me prit alors de voir ce très-grand seigneur, et, lorsque la voiture s'arrêta, je m'en approchai, et, à mon grand étonnement, je reconnus le roi.

— Il m'a reconnu et ne m'a rien demandé; c'est déjà bien de sa part, n'est-ce pas, mon éminentissime ?

— Je me réservais pour ce matin, sire, répondit l'abbé en s'inclinant.

— Continuez, continuez ! vous voyez bien que le cardinal vous écoute.

— Avec la plus grande attention, sire.

— Le roi, que l'on savait à Rome, continua Pronio, revenait seul dans un cabriolet, accompagné d'un seul gentilhomme qui portait les habits du roi, tandis que le roi portait les habits de ce gentilhomme; c'était un événement.

— Et un fier ! fit le roi.

— J'interrogeai les postillons de Fondi ! et, de postillons en postillons, en remontant jusqu'à ceux d'Albano, les nôtres avaient appris qu'il y avait eu une grande bataille, que les Napolitains avaient été battus et que le roi, — comment dirai-je cela, sire ? demanda en s'inclinant respectueusement l'abbé, — et que le roi...

— Fichait le camp... Ah ! pardon, j'oubliais que vous êtes homme d'Église.

— Alors, j'ai été poursuivi de cette idée que, si les Napolitains étaient véritablement en fuite, ils courraient tout d'une traite jusqu'à Naples, et que, par conséquent, il n'y avait qu'un moyen d'arrêter les Français, qui, si on ne les arrêtait pas, y seraient sur leurs talons.

— Voyons le moyen, dit Ruffo.

— C'était de révolutionner les Abruzzes et la Terre de Labour, et, puisqu'il n'y a plus d'armée à leur opposer, de leur opposer un peuple.

Ruffo regarda Pronio.

— Est-ce que vous seriez, par hasard, un homme de génie, monsieur l'abbé ? lui demanda-t-il.

— Qui sait ? répondit celui-ci.

— La chose m'en a tout l'air, sire.

— Laissez-le aller, laissez-le aller, dit le roi.

— Donc, ce matin, j'ai pris un cheval chez mon neveu, je suis venu à franc étrier jusqu'à Capoue; à la poste de Capoue, je me suis informé, et j'ai appris que Sa Majesté était à Caserte; alors, je suis venu à Caserte et me suis présenté hardiment à la porte du roi, comme venant de la part de monseigneur Rossi, évêque de Nicosia et confesseur de Sa Majesté.

— Vous connaissez monseigneur Rossi? demanda Ruffo.

— Je ne l'ai jamais vu, dit l'abbé; mais j'espérais que le roi me pardonnerait mon mensonge en faveur de la bonne intention.

— Eh! mordieu! oui, je vous pardonne, dit le roi. Éminence, donnez-lui son absolution tout de suite.

— Maintenant, sire, vous savez tout, dit Pronio: si le roi adopte mon projet d'insurrection, une traînée de poudre n'ira pas plus vite; je proclame la guerre sainte, et, avant huit jours, je soulève tout le pays depuis Aquila jusqu'à Teano.

— Et vous ferez cela tout seul? demanda Ruffo.

— Non, monseigneur; je m'adjoindrai deux hommes d'exécution.

— Et quels sont ces deux hommes?

— L'un est Gaetano Mammone, plus connu sous le nom du *meunier de Sora*.

— N'ai-je pas entendu prononcer son nom, demanda le roi, à propos du meurtre de ces deux jacobins della Torre ?

C'est possible, sire, répondit l'abbé Pronio; il est rare que Gaetano Mammone ne soit pas là quand on tue quelqu'un à dix lieues à la ronde; il flaire le sang.

— Vous le connaissez? demanda Ruffo.

— C'est mon ami, Éminence.

— Et quel est l'autre ?

— Un jeune brigand de la plus belle espérance, sire; il se nomme Michele Pezza; mais il a pris le nom de Fra-Diavolo, attendu probablement que ce qu'il y a de plus malin, c'est un moine, et de plus mauvais le diable. A vingt et un ans à peine, il est déjà chef d'une bande de trente hommes, qui se tiennent dans les montagnes de Mignano. Il était amoureux de la fille d'un charron d'Itri, il l'a hautement demandée en mariage, on la lui a refusée; alors, il a loyalement prévenu son rival, nommé Peppino, qu'il le tuerait s'il ne renonçait pas à Francesca, c'est le nom de la jeune fille; son rival a persisté, et Michele Pezza lui a tenu parole.

— C'est-à-dire qu'il l'a tué ? demanda Ruffo.

— Éminence, c'est mon pénitent. Il y a quinze jours qu'avec six de ses hommes les plus résolus, il a pénétré la nuit, par le jardin qui donne sur la montagne, dans la maison du père de Francesca, a enlevé sa fille et l'a emmenée avec lui. Il paraît que mon drôle a des secrets à lui pour se faire aimer des femmes. Francesca, qui aimait Peppino, adore maintenant Fra-Diavolo et brigande avec lui comme si elle n'avait fait que cela toute sa vie.

— Et voilà les hommes que vous comptez employer? demanda le roi.

— Sire, on ne révolutionne pas un pays avec des séminaristes.

— L'abbé a raison, sire, dit Ruffo.

— Soit! Et, avec ces moyens-là, vous promettez de réussir?

— J'en réponds.

— Et vous soulèverez les Abruzzes, la Terre de Labour?

— Depuis les enfants jusqu'aux vieillards. Je connais tout le monde, et tout le monde me connaît.

— Vous me paraissez bien sûr de votre affaire, mon cher abbé, dit le cardinal.

— Si sûr, que j'autorise Votre Éminence à me faire fusiller si je ne réussis pas.

— Alors, vous comptez faire de votre ami Gaetano Mammone et de votre pénitent Fra-Diavolo vos deux lieutenants?

— Je compte en faire deux capitaines comme moi ; ils ne valent pas moins que moi, et je ne vaux pas moins qu'eux. Que le roi daigne seulement signer mon brevet et les leurs, pour prouver aux paysans que nous agissons en son nom, et je me charge de tout.

— Eh ! eh ! dit le roi, je ne suis pas scrupuleux ; mais nommer mes capitaines deux gaillards comme ceux-là. Vous me donnerez bien dix minutes de réflexion, l'abbé ?

— Dix, vingt, trente, sire, je ne crains rien. L'affaire est trop avantageuse pour que Votre Majesté la refuse, et Son Éminence est trop dévouée aux intérêts de la couronne pour ne pas la lui conseiller.

— Eh bien, l'abbé, dit le roi, laissez-nous un instant seuls, Son Éminence et moi : nous allons causer de votre proposition.

— Sire, je serai dans l'antichambre à lire mon bréviaire ; Votre Majesté me fera demander quand elle aura pris une résolution.

— Allez, l'abbé, allez.

Pronio salua et sortit.

Le roi et le cardinal se regardèrent.

— Eh bien, que dites-vous de cet abbé-là, mon éminentissime ? demanda le roi.

— Je dis que c'est un homme, sire, et que les hommes sont rares.

— Un drôle de saint Bernard pour prêcher une croisade, dites donc !

— Eh ! sire, il réussira peut-être mieux que le vrai n'a réussi.

— Vous êtes donc d'avis que j'accepte son offre ?

— Dans la position où nous sommes, sire, je n'y vois pas d'inconvénient.

— Mais, dites-moi, quand on est petit-fils de Louis XIV et qu'on s'appelle Ferdinand de Bourbon, signer de ce nom des brevets à un chef de brigands et à un homme qui boit le sang comme un autre boit de l'eau claire ! car je le connais son Gaetano Mammone, de réputation du moins.

— Je comprends la répugnance de Votre Majesté, sire ; mais signez seulement celui de l'abbé, et autorisez-le à signer ceux des autres.

— Vous êtes un homme adorable, en ce que, avec vous, on n'est jamais dans l'embarras. Rappelons-nous l'abbé ?

— Non, sire ; laissons-lui le temps de lire son bréviaire ; nous avons, de notre côté, à régler quelques petites affaires au moins aussi pressées que les siennes.

— C'est vrai.

— Hier, Votre Majesté m'a fait l'honneur de me demander mon avis sur la falsification de certaine lettre.

— Je me le rappelle parfaitement; et vous m'avez demandé la nuit pour réfléchir. Mon éminentissime, avez vous réfléchi?

— Je n'ai fait que cela, sire.

— Eh bien?

— Eh bien, il y a un fait que Votre Majesté ne contestera point, c'est que j'ai l'honneur d'être détesté par la reine.

— Il en est ainsi de tout ce qui m'est fidèle et attaché, mon cher cardinal; si nous avions le malheur de nous brouiller, la reine vous adorerait.

— Or, étant déjà suffisamment détesté par elle, à mon avis, je désirerais bien, s'il était possible, sire, qu'elle ne me détestât point davantage.

— A quel propos me dites-vous cela?

— A propos de la lettre de Sa Majesté l'empereur d'Autriche.

— Que croyez vous donc?

— Je ne crois rien; mais voici comment les choses se sont passées.

— Voyons cela, dit le roi s'accoudant sur son fauteuil afin d'écouter plus commodément.

— A quelle heure Votre Majesté est-elle partie pour

Naples, avec M. André Backer, le jour où le jeune homme a eu l'honneur de dîner avec Votre Majesté ?

— Entre cinq et six heures.

— Eh bien, entre six et sept heures, c'est-à-dire une heure après que Votre Majesté a été partie, avis a été donné au maître de poste de Capoue de dire à Ferrari, lorsqu'il reprendrait chez lui le cheval qu'il y avait laissé, qu'il était inutile qu'il allât jusqu'à Naples, attendu que Votre Majesté était à Caserte.

— Qui a donc donné cet avis ?

— Je désire ne nommer personne, sire ; seulement, je n'empêche point que Votre Majesté ne devine.

— Allez, je vous écoute.

— Ferrari, au lieu d'aller à Naples, est donc venu à Caserte. Pourquoi voulait-on qu'il vînt à Caserte ? Je n'en sais rien. Pour essayer probablement sur lui quelque tentative de séduction.

— Je vous ai dit, mon cher cardinal, que je le croyais incapable de me trahir.

— On n'a pas eu la peine de s'assurer de sa fidélité ; Ferrari, ce qui valait mieux, a fait une chute, a perdu connaissance et a été transporté à la pharmacie.

— Par le secrétaire de M. Acton, nous savons cela.

—Là, de peur que son évanouissement ne fût trop court et qu'il ne revînt à lui au moment où l'on ne s'y attendrait pas, on a trouvé convenable de le prolonger à l'aide de quelques gouttes de laudanum.

— Qui vous a dit cela?

— Je n'ai eu besoin d'interroger personne. Qui ne veut pas être trompé ne doit s'en rapporter qu'à soi.

Le cardinal tira de sa poche une cuiller à café.

— Voici, dit il, la cuiller à l'aide de laquelle on les lui a introduites dans la bouche; il en reste une couche au fond de la cuiller, ce qui prouve que le blessé n'a pas bu le laudanum lui-même, vu qu'il eût enlevé cette couche avec ses lèvres, et l'odeur âcre et persistante de l'opium indique, après plus d'un mois, à quelle substance appartenait cette couche.

Le roi regarda le cardinal avec cet étonnement naïf qu'il manifestait lorsqu'on lui démontrait une chose que seul il n'eût pas trouvée, parce qu'elle dépassait la portée de son intelligence.

— Et qui a fait cela? demanda-t-il.

— Sire, répondit le cardinal, je ne nomme personne; je dis : ON. Qui a fait cela? Je n'en sais rien. ON l'a fait. Voilà ce que je sais.

— Et après?

— Votre Majesté veut aller jusqu'au bout, n'est-ce-pas ?

— Certainement que je veux aller jusqu'au bout !

— Eh bien, sire, Ferrari évanoui par la violence du coup, endormi pour surcroît de précautions avec du laudanum, on a pris la lettre dans sa poche, on l'a décachetée en plaçant la cire au-dessus d'une bougie, on a lu la lettre, et, comme elle contenait l'opposé de ce que l'on espérait, on a enlevé l'écriture avec de l'acide oxalique.

— Comment pouvez-vous savoir précisément avec quel acide ?

— Voici la petite bouteille, je ne dirai point qui le contenait, mais qui le contient; la moitié à peine, comme vous le voyez, a été employée à l'opération.

Et, comme il avait tiré de sa poche la cuiller à café, le cardinal tira de sa poche un flacon à moitié vide contenant un liquide clair comme de l'eau de roche et évidemment distillé.

— Et vous dites, demanda le roi, qu'avec cette liqueur on peut enlever l'écriture ?

— Que Votre Majesté ait la bonté de me donner une lettre sans importance.

Le roi prit sur une table le premier placet venu; le cardinal versa quelques gouttes du liquide sur l'écriture, il l'étendit avec son doigt, en couvrit quatre ou cinq lignes et attendit.

L'écriture commença par jaunir, puis s'effaça peu à peu.

Le cardinal lava le papier avec de l'eau ordinaire, et, entre les lignes écrites au-dessus et au-dessous, il montra au roi un espace blanc qu'il fit sécher au feu et sur lequel, sans autre préparation, il écrivit deux ou trois lignes.

La démonstration ne laissait rien à désirer.

— Ah! San-Nicandro! San-Nicandro! murmura le roi, quand on pense que tu aurais pu m'apprendre tout cela!

— Non pas lui, sire, attendu qu'il ne le savait pas; mais il eût pu vous le faire apprendre par d'autres plus savants que lui.

— Revenons à notre affaire, dit le roi en poussant un soupir. Ensuite, que s'est-il passé?

— Il s'est passé, sire, qu'après avoir substitué au refus de l'empereur une adhésion, on a recacheté la lettre et on l'a scellée d'un cachet pareil à celui de Sa Majesté Impériale; seulement, comme c'était la nuit, à la lumière des bougies, que cette opération se faisait, on l'a recachetée avec de la cire rouge qui était d'une teinte un peu plus foncée que la première.

Le cardinal mit sous les yeux du roi la lettre tournée du côté du cachet.

— Sire, dit-il, voyez la différence qu'il y a entre cette couche superposée et la couche inférieure ; au premier abord, la teinte paraît la même, mais, en y regardant de près, on reconnaît une différence légère et cependant visible.

— C'est vrai, s'écria le roi, c'est pardieu vrai !

— D'ailleurs, reprit le cardinal, voici le bâton de cire qui a servi a refaire le cachet ; Votre Majesté voit que sa couleur est identique avec la couche supérieure.

Le roi regardait avec étonnement les trois pièces à conviction : cuiller, flacon, bâton de cire à cacheter que Ruffo venait de mettre sous ses yeux et avait déposées les unes à côté des autres sur une table.

— Et comment vous-êtes vous procuré cette cuiller, ce flacon et cette cire ? demanda le roi, tellement intéressé par cette intelligente recherche de la vérité, qu'il ne voulait point en perdre un détail.

— Oh ! de la façon la plus simple, sire. Je suis à peu près le seul médecin de votre colonie de San-Leucio ; je viens donc de temps en temps à la pharmacie du château pour y chercher quelques médicaments ; je suis venu ce matin à la pharmacie comme d'habitude, mais avec certaine idée arrêtée ; j'ai trouvé *cette cuiller* sur la table de nuit, *ce flacon* dans l'armoire vitrée, et *ce bâton de cire* sur la table.

— Et cela vous a suffi pour tout découvrir?

— Le cardinal de Richelieu ne demandait que trois lignes de l'écriture d'un homme pour le faire pendre.

— Oui, dit le roi; malheureusement, il y a des gens que l'on ne pend pas, quelque chose qu'ils aient faite.

— Maintenant, dit le cardinal en regardant fixement le roi, tenez-vous beaucoup à Ferrari?

— Sans doute que j'y tiens.

— Eh bien, sire, il n'y aurait pas de mal à l'éloigner pour quelque temps. Je crois l'air de Naples on ne peut plus malsain pour lui en ce moment.

— Vous croyez?

— Je fais plus que le croire, sire, j'en suis sûr.

— Pardieu! c'est bien simple, je vais le renvoyer à Vienne.

— C'est un voyage fatigant, sire; mais il y a des fatigues salutaires.

— D'ailleurs, vous comprenez bien, mon éminentissime, que je veux avoir le cœur net de la chose; en conséquence, je renvoie à l'empereur, mon gendre, la dépêche dans laquelle il me dit qu'il se mettra en campagne aussitôt que je serai rentré à Rome, et je lui demande de mon côté ce qu'il pense de cela.

— Et, pour qu'on ne se doute de rien, Votre Majesté part pour Naples aujourd'hui avec tout le monde, en disant à Ferrari de venir me trouver cette nuit à San-Leucio, et d'exécuter mes ordres comme si c'étaient ceux de Votre Majesté.

— Et vous, alors ?

— Moi, j'écris à l'empereur au nom de Votre Majesté, j'expose ses doutes et le prie de m'envoyer la réponse, à moi.

— A merveille ! mais Ferrari va tomber dans les mains des Français ; vous comprenez bien que les chemins sont gardés.

— Ferrari va par Bénévent et Foggia à Manfredonia ; là, il s'embarque pour Trieste, et, de Trieste, reprend la poste jusqu'à Vienne si le vent est bon ; il économise deux jours de route et vingt-quatre heures de fatigue, et, par le même chemin qu'il est allé, il revient.

— Vous êtes un homme prodigieux, mon cher cardinal ! rien ne vous est impossible.

— Tout cela convient à Votre Majesté ?

— Je serais bien difficile si cela ne me convenait pas.

— Alors, sire, occupons-nous d'autre chose ; vous

le savez, chaque minute vaut une heure, chaque heure vaut un jour, chaque jour une année.

— Occupons-nous de l'abbé Pronio, n'est-ce pas ? demanda le roi.

— Justement, sire.

— Croyez-vous qu'il aura eu le temps de lire son bréviaire ? demanda en riant le roi.

— Bon ! s'il n'a pas eu le temps de le lire aujourd'hui, dit Ruffo, il le lira demain : il n'est pas homme à douter de son salut pour si peu de chose.

Ruffo sonna.

Un valet de pied parut à la porte.

— Prévenez l'abbé Pronio que nous l'attendons, dit le roi.

LIV

UN DISCIPLE DE MACHIAVEL

Pronio ne se fit point attendre.

Le roi et le cardinal remarquèrent que la lecture du livre saint ne lui avait rien ôté des airs dégagés qu'ils avaient remarqués en lui.

Il entra, se tint sur le seuil de la porte, salua respectueusement le roi d'abord, le cardinal ensuite.

— J'attends les ordres de Sa Majesté, dit-il.

— Mes ordres seront faciles à suivre, mon cher abbé : j'ordonne que vous fassiez tout ce que vous m'avez promis de faire.

— Je suis prêt, sire.

— Maintenant, entendons-nous.

Pronio regarda le roi ; il était évident qu'il ne comprenait rien à ces mots : *entendons-nous*.

Je demande quelles sont vos conditions, dit le roi.

— Mes conditions ?

— Oui.

— A moi ? Mais je ne fais aucune condition à Votre Majesté.

— Je demande, si vous l'aimez mieux, quelles faveurs vous attendez de moi.

— Celle de servir Votre Majesté, et, au besoin, de me faire tuer pour elle.

— Voilà tout ?

— Sans doute.

— Vous ne demandez pas un archevêché, pas un évêché, pas la plus petite abbaye ?

— Si je la sers bien, quand tout sera fini, quand les Français seront hors du royaume, si j'ai bien servi Votre Majesté, elle me récompensera ; si je l'ai mal servie, elle me fera fusiller.

— Que dites-vous de ce langage, cardinal ?

— Je dis qu'il ne m'étonne pas, sire.

— Je remercie Votre Éminence, dit en s'inclinant Pronio.

— Alors, dit le roi, il s'agit tout simplement de vous donner un brevet ?

— Un à moi, sire, un à Fra-Diavolo, un à Mammone.

— Êtes-vous leur mandataire ? demanda le roi.

— Je ne les ai pas vus, sire.

— Et, sans les avoir vus, vous répondez d'eux ?

— Comme de moi-même.

— Rédigez le brevet de M. l'abbé, mon éminentissime.

Ruffo se mit à une table, écrivit quelques lignes et lut la rédaction suivante :

« Moi, Ferdinand de Bourbon, roi des Deux-Siciles et de Jérusalem,

» Déclare :

» Ayant toute confiance dans l'éloquence, le patriotisme, les talents militaires de l'abbé Pronio,

» Le nommer

» MON CAPITAINE dans les Abruzzes et dans la Terre

de Labour, et, au besoin, dans toutes les autres parties de mon royaume;

» Approuver

» Tout ce qu'il fera pour la défense du territoire de ce royaume et pour empêcher les Français d'y pénétrer, l'autorise à signer des brevets pareils à celui-ci en faveur des deux personnes qu'il jugera dignes de le seconder dans cette noble tâche, promettant de reconnaître pour chefs de masses les deux personnes dont il aura fait choix.

» En foi de quoi, nous lui avons délivré le présent brevet.

» En notre château de Caserte, le 10 décembre 1798. »

— Est-ce cela, monsieur ? demanda le roi à Pronio après avoir entendu la lecture que venait de faire le cardinal.

— Oui, sire; seulement, je remarque que Votre Majesté n'a pas voulu prendre la responsabilité de signer les brevets des deux capitaines que j'avais eu l'honneur de lui recommander.

— Non; mais je vous ai reconnu le droit de les signer; je veux qu'ils vous en aient l'obligation.

— Je remercie Votre Majesté, et, si elle veut mettre au bas de ce brevet sa signature et son sceau, je n'aurai plus qu'à lui présenter mes humbles remercîments et à partir pour exécuter ses ordres.

Le roi prit la plume et signa; puis, tirant le sceau de son secrétaire, il l'appliqua à côté de sa signature.

Le cardinal s'approcha du roi et lui dit quelques mots tout bas.

— Vous croyez? demanda le roi.

— C'est mon humble avis, sire.

Le roi se tourna vers Pronio.

— Le cardinal, lui dit-il, prétend que, mieux que personne, monsieur l'abbé...

— Sire, interrompit en s'inclinant Pronio, j'en demande pardon à Votre Majesté, mais, depuis cinq minutes, j'ai l'honneur d'être capitaine des volontaires de Sa Majesté.

— Excusez, mon cher capitaine, dit le roi en riant, j'oubliais, ou plutôt, je me souvenais en voyant un coin de votre bréviaire sortir de votre poche.

Pronio tira de sa poche le livre qui avait attiré l'attention de Sa Majesté, et le lui présenta.

Le roi l'ouvrit à la première page et lut :

« *Le Prince*, par Machiavel. »

— Qu'est-ce que cela? dit le roi ne connaissant ni l'ouvrage ni l'auteur.

— Sire, lui répondit Pronio, c'est le bréviaire des rois.

— Vous connaissez ce livre ? demanda Ferdinand à Ruffo.

— Je le sais par cœur.

— Hum ! fit le roi. Je n'ai jamais su par cœur que l'office de la Vierge, et encore, depuis que San-Nicandro me l'a appris, je crois que je l'ai un peu oublié. Enfin !... Je vous disais donc, capitaine, puisque capitaine il y a, que le cardinal prétendait, c'était cela que tout à l'heure il me disait tout bas à l'oreille, que, mieux que personne, vous vous entendriez à rédiger une proclamation adressée aux peuples des deux provinces où vous êtes appelé à exercer votre commandement.

— Son Éminence est de bon conseil, sire.

— Alors, vous êtes de son avis ?

— Parfaitement.

— Mettez-vous donc là et rédigez.

— Dois-je parler au nom de Sa Majesté ou au mien ? demanda Pronio.

— Au nom du roi, monsieur, au nom du roi, se hâta de répondre Ruffo.

— Allez ! au nom du roi, puisque le cardinal le veut, dit Ferdinand.

Pronio salua le roi pour remercier de la permission

qu'il recevait non-seulement d'écrire au nom de son souverain, mais encore de s'asseoir devant lui, et, sans embarras, sans rature, de pleine source, il écrivit :

« Pendant que je suis dans la capitale du monde chrétien, occupé à rétablir la sainte Église, les Français, près desquels j'ai tout fait pour demeurer en paix, menacent de pénétrer dans les Abruzzes. Je me risque donc, malgré le danger que je cours, à passer à travers leurs rangs pour regagner ma capitale en péril; mais, une fois à Naples, je marcherai à leur rencontre avec une armée nombreuse pour les exterminer. En attendant, que les peuples courent aux armes, qu'ils volent au secours de la religion, qu'ils défendent leur roi, ou plutôt leur père, qui est prêt à sacrifier sa vie pour conserver à ses sujets leurs autels et leurs biens, l'honneur de leurs femmes et leur liberté ! Quiconque ne se rendra pas sous les drapeaux de la guerre sainte sera réputé traître à la patrie; quiconque les abandonnera après y avoir pris rang sera puni comme rebelle et comme ennemi de l'Église et de l'État.

» Rome, 7 décembre 1798. »

Pronio remit sa proclamation au roi afin que le roi la pût lire.

Mais celui-ci, la passant au cardinal :

— Je ne comprends pas très-bien, mon éminentissime, lui dit-il.

Ruffo se mit à lire à son tour.

Pronio, qui s'était assez médiocrement préoccupé de l'expression de la figure du roi, pendant la lecture, suivait au contraire, avec la plus grande attention, l'effet que cette lecture produisait sur la figure du cardinal.

Deux ou trois fois pendant la lecture, Ruffo leva les yeux sur Pronio, et, chaque fois, il vit les regards du nouveau capitaine fixés sur les siens.

— Je ne m'étais pas trompé sur vous, monsieur, dit le cardinal à Pronio lorsqu'il eut fini ; vous êtes un habile homme !

Puis, s'adressant au roi :

— Sire, continua-t-il, personne dans le royaume n'eût fait, j'ose le dire, une si adroite proclamation, et Votre Majesté peut la signer hardiment.

— C'est votre avis mon éminentisime, et vous n'avez rien à y redire ?

— Je prie Votre Majesté de n'y pas changer une syllabe.

Le roi prit la plume.

— Vous le voyez, dit-il, je signe de confiance.

— Votre nom de baptême, monsieur? demanda Ruffo à l'abbé, tandis que le roi signait.

— Joseph, monseigneur.

— Et maintenant, sire, dit Ruffo, tandis que vous tenez la plume, vous pouvez ajouter au-dessous de votre signature :

« Le capitaine Joseph Pronio est chargé, pour moi et en mon nom, de répandre cette proclamation, et de veiller à ce que les intentions y exprimées par moi soient fidèlement remplies. »

— Je puis ajouter cela? demanda le roi.

— Vous le pouvez, sire.

Le roi écrivit sans objection aucune les paroles dictées par Ruffo.

— C'est fait, dit-il.

— Maintenant, sire, dit Ruffo, tandis que M. Pronio va nous faire un double de cette proclamation, — vous entendez, capitaine, le roi est si content de votre proclamation, qu'il en désire copie, — Votre Majesté va signer à l'ordre du capitaine un bon de dix mille ducats.

— Monseigneur ! fit Pronio...

— Laissez-moi faire, monsieur.

— Dix mille ducats!... Eh ! eh ! fit le roi.

— Sire, je supplie Votre Majesté...

— Allons, dit le roi. Sur Corradino?

— Non; sur la maison André Backer et Cᵉ; c'est plus sûr et surtout plus rapide.

Le roi s'assit, fit le bon et signa.

— Voici le double de la proclamation de Sa Majesté, dit Pronio en présentant la copie au cardinal.

— Maintenant, à nous deux, monsieur, dit Ruffo. Vous voyez la confiance que le roi a en vous. Voici un bon de dix mille ducats; allez faire tirer dans une imprimerie autant de mille exemplaires de cette proclamation qu'on en pourra tirer en vingt-quatre heures; les dix mille premiers exemplaires tirés seront affichés aujourd'hui à Naples, s'il est possible avant que le roi y arrive. Il est midi; il vous faut une heure et demie pour aller à Naples; cela peut être fait à quatre heures. Emportez-en dix mille, vingt mille, trente mille; répandez-les à foison et qu'avant demain soir, il y en ait dix mille distribués.

— Et du reste de l'argent, que ferais-je, monseigneur?

— Vous achèterez des fusils, de la poudre et des balles.

Pronio, au comble de la joie, allait s'élancer hors de l'appartement.

— Comment! dit Ruffo, vous ne voyez point, capitaine?...

— Qui donc, monseigneur?

— Le roi vous donne sa main à baiser.

— Oh! sire! s'écria Pronio baisant la main du roi, le jour où je me ferai tuer pour Votre Majesté, je ne serai point quitte envers elle.

Et Pronio sortit, prêt en effet à se faire tuer pour le roi.

Le roi attendait évidemment la sortie de Pronio avec impatience; il avait pris part à toute cette scène sans trop savoir quel rôle il y jouait.

— Eh bien, dit le roi quand la porte fut refermée, c'est probablement encore la faute de San-Nicandro, mais le diable m'emporte si je comprends votre enthousiasme pour cette proclamation, qui ne dit pas un mot de vrai.

— Eh! sire, c'est justement parce qu'elle ne dit pas un mot de vrai, c'est justement parce que ni Votre Majesté ni moi n'aurions osé la faire, c'est justement pour cela que je l'admire.

— Alors, dit Ferdinand, expliquez-la-moi, afin que je voie si elle vaut mes dix mille ducats.

— Votre Majesté ne serait point assez riche pour la payer, si elle la payait à sa valeur.

— Tête d'âne! dit Ferdinand en se donnant un coup de poing sur le front.

— Votre Majesté veut-elle me suivre sur cette copie?

— Je vous suis, dit-il.

Le roi présenta le double de la proclamation au cardinal.

Ruffo lut (1) :

« Pendant que je suis dans la capitale du monde chrétien, occupé à rétablir la sainte Église, les Français, auprès desquels j'ai fait tout pour vivre en paix, menacent de pénétrer dans les Abruzzes... »

— Vous savez que je n'admire pas encore.

— Vous avez tort, sire ; car remarquez la portée de ceci. Vous êtes à Rome au moment où vous écrivez cette proclamation ; vous y êtes *tranquillement*, sans autre intention que de *rétablir la sainte Église*; vous n'y abattez pas les arbres de la Liberté, vous ne voulez pas faire pendre les consuls, vous ne laissez pas le peuple brûler les juifs ou les jeter dans le Tibre ; vous y êtes innocemment, dans les seuls intérêts du saint-père.

— Ah! fit le roi, qui commençait à comprendre.

— Vous n'y êtes pas, continua le cardinal, pour faire la guerre à la République, puisque vous avez tout fait auprès des Français pour vivre en paix

---

(1) Nous ne changeons pas un mot au texte de cette proclamation, une des pièces historiques les plus impudentes, peut-être, qui existent au monde.

avec eux. Eh bien, quoique vous ayez tout fait pour vivre en paix avec eux, c'est-à-dire avec des amis, *ils menacent de pénétrer dans les Abruzzes.*

— Eh! fit le roi, qui comprenait.

— C'est donc, continua Ruffo, aux yeux de tous ceux qui liront ce manifeste, et le monde entier le lira, c'est donc de leur part et non de la vôtre qu'est le mauvais procédé, la rupture, la trahison. Malgré les menaces que vous a faites l'ambassadeur Garat, vous vous fiez à eux comme à des alliés que vous voulez conserver à tout prix; vous allez à Rome, plein de confiance dans leur loyauté, et, tandis que vous êtes à Rome, que vous ne vous doutez de rien, que vous êtes bien tranquille, les Français vous attaquent à l'improviste et battent Mack. Rien d'étonnant, vous en conviendrez, sire, qu'un général et une armée pris à l'improviste soient battus.

— Tiens!... fit le roi, qui comprenait de plus en plus, c'est ma foi vrai.

— Votre Majesté ajoute : « Je me risque donc, *malgré le danger que je cours, à traverser leurs rangs pour regagner ma capitale en péril;* mais, une bonne fois à Naples, je marcherai à leur rencontre avec une armée nombreuse pour les exterminer... » Voyez, sire! malgré le danger qu'elle y court, Votre Majesté se risque à travers leurs rangs pour regagner sa capitale en péril. Comprenez-vous, sire? vous ne fuyez plus devant les Français, vous passez à travers leurs rangs; vous ne craignez pas le danger, vous l'affrontez, au contraire. Et pourquoi exposez-vous si témérairement votre personne sacrée? Pour regagner, pour protéger, pour défendre votre capitale, pour marcher enfin à la rencontre de l'ennemi avec une armée nombreuse, pour exterminer les Français, quand vous y serez rentré...

— Assez, s'écria le roi en éclatant de rire, assez, mon cher cardinal! j'ai compris. Vous avez raison, mon éminentissime, grâce à cette proclamation, je vais passer pour un héros. Qui diable se serait douté de cela quand je changeais d'habits avec d'Ascoli dans une auberge d'Albano? Décidément, vous avez raison, mon cher cardinal, et votre Pronio est un homme de génie. Ce que c'est que d'avoir étudié Machiavel! Tiens! il a oublié son livre.

—Oh! dit Ruffo, vous pouvez le garder, sire, pour l'étudier à votre tour; il n'a plus rien à y apprendre.

LXV

OU MICHEL LE FOU EST NOMMÉ CAPITAINE, EN ATTENDANT QU'IL SOIT NOMMÉ COLONEL.

Le même jour, vers quatre ou cinq heures de l'après-midi, un de ces bruits sourds et menaçants comme ceux qui précèdent les tempêtes et les tremblements de terre, s'élevant des vieux quartiers de Naples, commença d'envahir peu à peu toute la ville. Des hommes sortant par bandes de l'imprimerie del signor Florio Giordani, située largo Mercatello, le bras gauche chargé de larges feuilles imprimées, le bras droit armé d'une brosse et d'un seau plein de colle, se répandaient dans les différents quartiers de la ville, laissant, chacun derrière lui, une série d'affiches autour desquelles se groupaient les curieux et à l'aide desquelles on pouvait suivre sa trace, soit qu'il remontât au Vomero par la strada de l'Infrascata, soit qu'il descendît par Castel-Capuano, par le Vieux-Marché, soit enfin qu'il gagnât l'albergo dei

Poveri par le largo delle Pigne, ou soit que, longeant Toledo dans toute sa longueur, il aboutit à Santa-Lucia par la descente du Géant ou à Mergellina par le *Ponte* et la *Riviera di Chiaïa*.

Cette série d'affiches qui causaient un si grand bruit en rayonnant sur tous les points de la ville, c'était la proclamation du roi Ferdinand, ou plutôt du capitaine Pronio, dont celui-ci, selon la recommandation du cardinal Ruffo, émaillait les murs de la capitale des Deux-Siciles; et ce bruit progressif, cette rumeur croissante qui s'élevait de tous les quartiers de la ville, c'était l'effet que produisait sa lecture sur ses habitants.

En effet, d'un même coup, les Napolitains apprenaient le retour du roi, qu'ils croyaient à Rome, et l'invasion des Français, qu'il croyaient en retraite.

Au milieu de ce récit un peu confus des événements, mais dans lequel cette même confusion était un trait de génie, le roi apparaissait comme la seule espérance du pays, comme l'ange sauveur du royaume.

Il avait traversé les rangs des Français, car le bruit s'était déjà répandu qu'il était arrivé pendant la nuit à Caserte; il avait risqué sa liberté, il avait exposé ses jours pour venir mourir avec ses fidèles Napolitains.

Le roi Jean n'avait pas fait davantage à Poitiers, ni Philippe de Valois à Crécy.

Il était impossible de trahir un tel dévouement, de ne pas récompenser de pareils sacrifices.

Aussi, devant chaque affiche, pouvait-on voir un immense groupe qui discutait, commentait, disséquait la proclamation ; ceux qui faisaient partie de ces groupes et qui savaient lire, — et le nombre n'en était pas grand, — jouissaient de leur supériorité, avaient la parole ; et, comme ils faisaient semblant de comprendre, ils avaient évidemment une influence très-prononcée sur ceux qui ne savaient pas lire et qui les écoutaient l'œil fixe, l'oreille tendue, la bouche ouverte.

Au Vieux-Marché, où l'instruction était encore moins répandue que partout ailleurs, un immense groupe s'était formé à la porte du beccaïo, et, au centre, assez rapproché du manifeste affiché pour qu'il pût le lire, on pouvait remarquer notre ami Michel le Fou, qui, jouissant des prérogatives que lui donnait son instruction distinguée, transmettait à la multitude ébahie les nouvelles que contenait la proclamation.

— Ce que je vois de plus clair au milieu de tout cela, disait le beccaïo dans son brutal bon sens et fixant sur Michel son œil ardent, le seul que lui eût laissé la terrible balafre qu'il avait reçue de la main de Salvato à Mergellina, ce que je vois de plus clair au milieu de tout cela, c'est que ces gueux de républicains, que l'enfer confonde ! ont donné la bastonnade au général Mack.

— Je ne vois pas un mot de cela dans la proclamation, répondait Michel ; cependant, je dois dire que c'est probable ; nous autres gens instruits, nous appelons cela un sous-entendu.

— Sous-entendu ou non, dit le beccaïo, il n'en est pas moins vrai que les Français — et le dernier puisse-t-il mourir de la peste ! — marchent sur Naples et y seront peut-être avant quinze jours.

— Oui, dit Michele ; car je vois par la proclamation qu'ils envahissent les Abruzzes ; ce qui est évidemment le chemin de Naples ; mais il ne tient qu'à nous qu'ils n'y entrent point, à Naples.

— Et comment les en empêcher ? demanda le beccaïo.

— Rien de plus facile, dit Michele. Toi, par exemple, en prenant ton grand couteau, Pagliuccella en prenant son grand fusil, et moi en prenant mon grand sabre, chacun de nous enfin en prenant quelque chose et en marchant contre eux.

— En marchant contre eux, en marchant contre eux, grommela le beccaïo trouvant la proposition de

Michele un peu hasardeuse ; c'est bien aisé à dire, cela !

— Et c'est encore plus aisé à faire, ami beccaïo : il n'est besoin que d'une chose ; il est vrai que cette chose ne se trouve pas sous la peau des moutons que tu égorges : il ne faut que du courage. Je sais de bonne source, moi, que les Français ne sont pas plus de dix mille : or, nous sommes à Naples soixante mille lazzaroni, bien portants, solides, ayant de bons bras, de bonnes jambes et de bons yeux.

— De bons yeux, de bons yeux, dit le beccaïo voyant dans les paroles de Michele une allusion à son accident ; cela te plaît à dire.

— Eh bien, continua Michele sans se préoccuper de l'interruption du beccaïo, armons-nous chacun de quelque chose, ne fût-ce que d'une pierre et d'une fronde, comme le berger David, et tuons chacun le sixième d'un Français, et il n'y aura plus de Français, puisque nous sommes soixante mille et qu'ils ne sont que dix mille ; cela ne te sera point difficile, surtout à toi, beccaïo, qui, à ce que tu dis, as lutté seul contre six.

— Il est vrai, dit le beccaïo, que tout ce qui m'en tombera dans les mains...

— Oui, répliqua Michele ; mais, à mon avis, il ne faut point attendre qu'ils te tombent dans les

9.

mains, parce que, alors, c'est nous qui serons dans les leurs ; il faut aller au-devant d'eux, il faut les combattre partout où on les rencontrera. Un homme vaut un homme, que diable ! Puisque je ne te crains pas, puisque je ne crains point Pagliuccella, puisque je ne crains pas les trois fils de Basso Tomeo, qui disent toujours qu'il m'assommeront et qui ne m'assomment jamais, à plus forte raison, six hommes qui en craignent un sont des lâches.

— Il a raison, Michele ! il a raison ! crièrent plusieurs voix.

— Eh bien, alors, dit Michele, si j'ai raison, prouvez-le-moi. Je ne demande pas mieux que de me faire tuer ; que ceux qui veulent se faire tuer avec moi le disent.

— Moi ! moi ! moi ! Nous ! nous ! crièrent cinquante voix. Veux-tu être notre chef, Michele ?

— Pardieu ! dit Michele, je ne demande pas mieux.

— Vive Michele ! vive Michele ! vive notre capitaine ! crièrent un grand nombre de voix.

— Bon ! me voilà déjà capitaine, dit Michele ; il paraît que la prédiction de Nanno commence à se réaliser. Veux-tu être mon lieutenant, Pagliuccella ?

— Ah ! par ma foi, je le veux bien, dit celui auquel s'adressait Michel ; tu es un bon garçon, quoique tu sois un peu fier de ce que tu sais ; mais, enfin, puisqu'il faut toujours que l'on ait un chef, mieux vaut que ce chef sache lire, écrire et compter, que de ne rien savoir du tout.

— Eh bien, continua Michele, que ceux qui veulent de moi pour leur chef aillent m'attendre strada Carbonara, avec les armes qu'ils pourront se procurer ; moi, je vais chercher mon sabre.

Il se fit alors un grand mouvement dans la foule ; chacun tira de son côté, et une centaine d'hommes prêts à reconnaître Michele le Fou pour leur chef sortirent du groupe et se mirent chacun à la recherche de l'arme de rigueur sans laquelle on n'était point reçu dans les rangs du capitaine Michele.

Quelque chose se passait à l'autre extrémité de la ville, entre Tolède et le Vomero, au haut de la montée de l'Infrascata, au pied de la salita dei Capuccini.

Fra Pacifico, en revenant de la quête avec son ami Jacobino, avait vu des hommes courant, le bras gauche chargé d'affiches et collant ces affiches sur les murs partout où ils trouvaient une place convenable et à la portée de la vue ; le frère quêteur s'était alors approché avec d'autres curieux de cette affiche, l'avait déchiffrée non sans peine attendu qu'il n'était point un savant de la force de Michele; mais enfin il l'avait déchiffrée, et, aux nouvelles inattendues qu'elle contenait, son ardeur guerrière s'était, comme on le pense bien, éveillée plus militante que jamais en voyant ces jacobins, objet de son exécration, prêts à franchir les frontières du royaume.

Alors, il avait furieusement frappé la terre de son bâton de laurier, il avait demandé la parole, il était monté sur une borne, et, tenant Jacobino par sa longe, au milieu d'un silence religieux, il avait expliqué, à l'immense cercle que sa popularité avait rassemblé autour de lui, ce que c'était que les Français; or, au dire de fra Pacifico, les Français étaient tous des impies, des sacriléges, des pillards, des voleurs de femmes, des égorgeurs d'enfants, qui ne croyaient pas que la madone de Pie-di-Grotta remuât les yeux, et que les cheveux du Christ del Carmine poussassent de telle façon, que l'on était forcé de les lui couper tous les ans; fra Pacifico affirmait qu'ils étaient tous bâtards du diable, et en donnait pour preuve que tous ceux qu'il avait vus portaient, sur un point quelconque du corps, l'empreinte d'une griffe, indication certaine qu'ils étaient tous destinés à tomber dans celles de Satan; il était donc urgent, par tous les moyens possibles, de les empêcher d'entrer à Naples, ou Naples, brûlée de fond en comble, disparaîtrait de la surface de la terre, comme si la cendre de Pompéi ou la lave d'Herculanum avait passé sur elle.

Le discours de fra Pacifico, et surtout la péroraison de ce discours, avaient fait le plus grand effet sur ses auditeurs. Des cris d'enthousiasme s'étaient élevés dans la foule ; deux ou trois voix avaient demandé si, dans le cas où le peuple napolitain se soulèverait contre les Français, fra Pacifico marcherait de sa personne contre l'ennemi. Fra Pacifico avait alors répondu que non-seulement lui, mais son âne Jacobino, étaient au service de la cause du roi et de l'autel, et que, sur cette humble monture, choisie par le Christ pour faire son entrée triomphale à Jérusalem, il se chargeait de guider à la victoire ceux qui voudraient bien combattre avec lui.

Alors, les cris « Nous sommes prêts ! nous sommes prêts ! » avaient retenti. Fra Pacifico n'avait demandé que cinq minutes, avait remonté rapidement la rampe dei Capuccini pour déposer à la cuisine la charge de Jacobino, et, en effet, cinq minutes après, seconde pour seconde, avait reparu, monté cette fois sur son âne, et était, au grand galop, revenu prendre sa place au milieu du cercle qui l'avait élu.

Il était six heures du soir, à peu près, et Naples en était, sans que Ferdinand s'en doutât le moins du monde, au degré d'exaspération que nous avons dit, lorsque celui-ci, la tête basse et se demandant quel accueil l'attendait dans sa capitale, entra par la porte Capuana, ayant le soin, pour ne pas ajouter à sa disgrâce la part d'impopularité qui pesait sur la reine et sa favorite, de se séparer d'elles au moment d'entrer dans la ville et de leur tracer pour itinéraire la porte del Camino, la Marinella, la via del Piliero, le largo del Castello, tandis que lui suivrait la strada Carbonara, la strada Foria, le largo delle Pigne et Toledo.

Les deux voitures royales s'étaient donc séparées à la porte Capuana, la reine regagnant, avec lady Hamilton, sir William et Nelson, le palais royal par la route que nous avons dite, et le roi entrant directement, avec le duc d'Ascoli, son fidèle Achate, par cette fameuse porte Capuana, célèbre à tant de titres.

C'était, on se le rappelle, justement en face de la porte Capuana, sur la place qui s'étend au bas des degrés de l'église San-Giovanni à Carbonara, sur l'emplacement même où, soixante ans plus tard, fut exécuté Agésilas Milano, que Michele, par hasard, et parce que cette place est le centre des quartiers populaires, avait donné rendez-vous à sa troupe ! or, sa troupe, recrutée en route, s'était presque doublée dans l'espace à parcourir, chacun appelant à lui et entraînant les amis qu'il avait rencontrés sur son chemin, de sorte que plus de deux cent cinquante hommes encombraient cette place au moment où le roi se présentait pour la traverser

Le roi savait bien qu'au milieu de ses chers lazzaroni, il n'aurait jamais rien à craindre. Il fut donc étonné, mais voilà tout, quand il vit, au milieu d'un si grand nombre d'individus assemblés, et à la lueur des rares réverbères allumés de cent pas en cent pas, et des cierges, plus nombreux, brûlant devant les madones, reluire des sabres et des canons de fusil ; il se pencha en conséquence, et, touchant de la main l'épaule de celui qui paraissait le chef de la troupe :

— Mon ami, lui demanda-t-il en patois napolitain, pourrais-tu me dire ce qui se passe ici ?

L'homme se retourna et se trouva face à face avec le roi.

L'homme, c'était Michel.

— Oh ! s'écria-t-il, étouffé tout à la fois par la joie de voir le roi, l'étonnement que lui causait sa présence et l'orgueil d'avoir été touché par lui ; oh ! Sa Majesté ! Sa Majesté le roi Ferdinand ! Vive le roi ! vive notre père ! vive le sauveur de Naples !

Et toute la troupe répéta d'une seule voix :

— Vive le roi ! vive notre père ! vive le sauveur de Naples !

Si le roi Ferdinand s'attendait à être salué par un cri quelconque à son retour dans sa capitale, ce n'était certes pas par celui-là.

— Les entends-tu? demanda-t-il au duc d'Ascoli. Que diable chantent-ils donc?

— Ils crient : « Vive le roi! » sire, répondit le duc avec sa gravité habituelle; ils vous nomment leur père, il vous appellent le sauveur de Naples?

— Tu en es sûr?

Les cris redoublèrent.

— Allons, dit-il, puisqu'ils le veulent absolument...

Et, sortant à moitié par la portière :

— Oui, mes enfants, dit-il, oui, c'est moi; oui, c'est votre roi, c'est votre père, et, comme vous le dites très-bien, je reviens sauver Naples ou mourir avec vous.

Cette promesse redoubla l'enthousiasme, qui monta jusqu'à la frénésie.

— Pagliuccella, cria Michele, cours devant avec une dizaine d'hommes; des torches! des flambeaux! des illuminations!

— Inutile, mes enfants! cria le roi, qu'un trop grand jour importunait; inutile! pour quoi faire des illuminations?

— Pour que le peuple voie que Dieu et saint

Janvier lui rendent son roi sain et sauf, et qu'ils ont protégé Votre Majesté au milieu des périls qu'elle a courus en traversant les rangs des Français pour revenir dans sa fidèle ville de Naples, cria Michele.

— Des torches! des flambeaux! des illuminations! crièrent Pagliuccella et ses hommes en courant comme des dératés par la strada Carbonara. C'est le roi qui revient parmi nous. Vive le roi! vive notre père! vive le sauveur de Naples!

— Allons, allons, dit le roi à d'Ascoli, mon avis est qu'il ne faut pas les contrarier. Laissons-les donc faire; mais, décidément, l'abbé Pronio est un habile homme!

Les cris de Pagliuccella et de ses lazzaroni eurent un effet magique; on sortit en foule des maisons avec des torches ou des cierges; toutes les fenêtres furent illuminées; lorsqu'on arriva à la rue Foria, on la vit tout entière étincelante comme Pise le jour de la *Luminara*.

Il en résulta que l'entrée du roi, qui menaçait de se faire avec le silence et la honte d'une défaite, prenait, au contraire, tout l'éclat d'une victoire, tout le retentissement d'un triomphe.

A la montée du musée Borbonico, le peuple ne put souffrir plus longtemps que son roi fût traîné par des chevaux; il détela la voiture, s'y attela et la traîna lui-même.

Lorsque la voiture du roi et son attelage arrivèrent à la rue de Tolède, on vit, descendant de l'Infrascata, une seconde troupe se joindre à celle de Michel le Fou, troupe non moins enthousiaste et non moins bruyante. Elle était conduite par fra Pacifico, monté sur son âne et portant son bâton sur son épaule comme Hercule sa massue; elle se composait de deux ou trois cents personnes au moins.

On descendit la rue de Tolède; elle ruisselait littéralement d'illuminations, tandis que tout ce peuple armé de torches allumées semblait une mer phosphorescente. A peine, tant la foule était considérable, si la voiture pouvait avancer. Jamais triomphateur antique, jamais Paul-Émile, vainqueur de Persée, jamais Pompée, vainqueur de Mithridate, jamais César, vainqueur des Gaules, n'eurent un cortége pareil à celui qui ramenait ce roi fugitif à son palais.

La reine était arrivée la dernière par des rues désertes et avait trouvé le palais royal muet et presque solitaire; puis elle avait entendu de grandes et lointaines rumeurs, quelque chose comme des grondements d'orage venant de l'horizon; elle avait, en hésitant, été au balcon, car elle entendait encore, dans la rue et sur la place, ce froissement du peuple qui se hâte, sans savoir vers quoi le peuple se hâtait ; alors, elle avait plus distinctement entendu ce bruit, perçu ces clameurs, vu ces torrents de lumière qui descendaient de la rue de Tolède et roulaient vers le palais royal, et elle les avait pris pour la lave d'une révolution ; elle eut peur, elle se rappelait les 5 et 6 octobre, le 21 juin et le 10 août de sa sœur Antoinette ; elle parlait déjà de fuir ; Nelson lui offrait déjà un refuge à bord de son vaisseau, lorsqu'on vint lui dire que c'était le roi que le peuple ramenait en triomphe.

La chose lui paraissait plus qu'incroyable, elle lui paraisait impossible ; elle consulta Emma, Nelson, sir William, Acton ; aucun d'eux, Acton lui-même, ce grand mépriseur de l'humanité, ne pouvait s'expliquer cette aberration du sens moral chez tout un peuple : on ignorait la proclamation de Pronio, que le roi ou plutôt le cardinal avait, par les soins de son auteur, fait imprimer et afficher sans en rien dire à personne, et l'absence d'esprit philosophique empêchait les illustres personnages que nous venons de citer de se rendre compte à quels misérables petits accidents, lorsqu'un trône est ébranlé, tient son raffermissement ou sa chute.

La reine, rassurée enfin et à grand'peine, courut au balcon ; ses amis la suivirent. Acton seul resta en arrière ; dédaigneux de popularité, détesté comme étranger, accusé de tous les malheurs qui arrivaient au trône, il évitait de se montrer au public, lequel l'accueillait presque toujours par des murmures qui parfois allaient jusqu'à l'insulte. Tant qu'il s'était senti aimé ou avait cru être aimé de Caroline, il avait bravé cette impopularité ; mais, depuis qu'il sentait n'être plus pour elle qu'un objet de crainte, un moyen d'ambition, il avait cessé de braver l'opinion publique, à laquelle, il faut lui rendre cette justice, il était profondément indifférent.

L'apparition de la reine au balcon fut inaperçue, ou du moins ne parut causer aucune sensation, quoique la place du Château fût encombrée de monde ; tous les regards, tous les cris, tous les élans du cœur étaient pour ce roi qui *avait passé entre les rangs des Français pour aller mourir avec son peuple.*

La reine ordonna alors que l'on prévînt le duc de Calabre que son père approchait, la présence de sa mère n'ayant pas suffi à l'attirer dans les grands appartements : elle fit, en outre, amener tous les enfants royaux, leur céda sa place au balcon et se tint derrière eux.

L'apparition des enfants royaux sur le balcon fut saluée par quelques cris, mais ne détourna point l'attention de la multitude, tout entière au cortége royal, dont la tête commençait à dépasser Sainte-Brigitte.

Quant à Ferdinand, il en arrivait peu à peu à être de l'avis du cardinal Ruffo, qu'il reconnaissait de plus en plus comme bon conseiller ; avoir payé une pareille entrée dix mille ducats n'était pas cher, surtout si l'on comparait cette entrée à celle qui l'attendait, et que sa conscience royale, si peu sévère qu'elle fût, lui faisait pressentir.

Le roi descendit de voiture ; après l'avoir traîné, le peuple voulut le porter : il le prit entre ses bras, et, par le grand escalier, le souleva jusqu'à la porte de ses appartements.

La foule était si considérable, qu'il fut séparé du duc d'Ascoli, auquel personne ne fit attention et qui disparut au milieu de cette houle humaine.

Le roi se montra au balcon, donna la main au prince François, embrassa ses enfants au milieu des cris frénétiques de cent mille personnes, et, réunissant dans un seul groupe tous les jeunes princes et toutes les jeunes princesses, qu'il enveloppa de ses bras :

— Eux aussi, cria-t-il, eux aussi mourront avec vous !

Mais tout le peuple répondit en criant d'une seule voix :

— Pour vous et pour eux, sire, nous nous ferons tuer jusqu'au dernier !

Le roi tira son mouchoir et fit semblant d'essuyer une larme.

La reine, pâle et frémissante, se recula du balcon et alla trouver, au fond de l'appartement, Acton, debout, s'appuyant de son poing sur une table et regardant cet étrange spectacle avec son flegme irlandais.

— Nous sommes perdus ! dit-elle, le roi restera.

— Soyez tranquille, madame, dit Acton en s'inclinant ; je me charge, moi, de le faire partir.

Le peuple stationna dans la rue de Tolède et à la descente du Géant bien longtemps encore après que le roi eut disparu et que les fenêtres furent fermées.

Le roi rentra chez lui sans même demander ce qu'était devenu d'Ascoli, que l'on avait emporté chez lui évanoui, froissé, foulé aux pieds, à demi mort.

Il est vrai qu'il avait hâte de revoir Jupiter, que, depuis plus de six semaines, il n'avait pas vu.

LXVI

AMANTE. — ÉPOUSE.

Les esprits vulgaires, et dont le regard glisse sur les surfaces, avaient pu croire, en voyant cette manifestation inattendue, soudaine, presque universelle, que rien ne pouvait, même momentanément, déraciner un trône reposant sur la large base d'une populace tout entière ; mais les esprits élevés et intelligents qui ne se laissaient pas éblouir par de vaines paroles et par ces démonstrations extérieures si familières aux Napolitains, voyaient, au delà de cet enthousiasme, aveugle comme toutes les manifestations populaires, la sombre vérité, c'est-à-dire le roi en fuite, l'armée napolitaine battue, les Français marchant sur Naples, et ceux-là, recevant la véritable impression des événements, en prévoyaient l'inévitable conséquence.

Une des maisons où la nouvelle de ce qui s'était passé avait produit la sensation la plus vive d'abord, parce que les deux individus habitant cette maison, se trouvaient de deux côtés divers, parfaitement renseignés, ensuite parce qu'ils avaient chacun un grand intérêt, l'un de cœur, l'autre de relations sociales, à l'issue de ces événements, était la maison si bien connue de nos lecteurs, sous le titre de maison du Palmier.

Luisa avait tenu parole à Salvato ; depuis le départ du jeune homme, depuis qu'il avait quitté cette chambre où, porté mourant, il était peu à peu, sous l'œil et par les soins de la jeune femme, revenu à la vie, tous les instants que l'absence de son mari lui avait laissés libres, elles les avait passés dans cette chambre.

Luisa ne pleurait pas, Luisa ne se plaignait pas, elle n'éprouvait même pas le besoin de parler de Salvato à personne ; Giovannina, étonnée du silence de sa maîtresse à l'égard du jeune homme, avait essayé de le lui faire rompre, mais n'y avait pas réussi ; une fois Salvato parti, une fois Salvato absent, il semblait à Luisa qu'elle ne devait plus parler de lui qu'avec Dieu.

Non, la pureté de cet amour, si puissant et si maître de son âme qu'il fût, l'avait laissée dans une mélancolique sérénité ; elle entrait dans la chambre, souriait à tous les meubles, les saluait doucement de la tête, tendrement des yeux, allait s'asseoir à sa place accoutumée, c'est-à-dire au chevet du lit, et rêvait.

Ces rêveries, dans lesquelles les deux mois qui venaient de s'écouler repassaient jour par jour, heure par heure, minute par minute, devant ses yeux, où le passé, — Luisa avait deux passés : un qu'elle avait complétement oublié, l'autre auquel elle pensait sans cesse ! — ces rêveries où le passé, disons-nous, se reconstruisait sans qu'aucun effort de sa mémoire eût besoin d'aider à sa reconstruction, ces rêveries avaient une douceur infinie ; de temps en temps, quand ses souvenirs en étaient à l'heure du départ, elle portait la main à ses lèvres comme pour y fixer l'unique et rapide baiser que Salvato y avait imprimé en se séparant d'elle, et, alors, elle en retrouvait toute la suavité. Autrefois, sa solitude avait besoin de travail ou de lecture ; aujourd'hui, aiguille, crayon, musique, tout était négligé ; ses amis ou son mari étaient-ils là, Luisa vivait un pied dans le passé, l'autre dans le présent. Demeurait-elle seule, elle retombait tout entière dans le passé, elle y vivait d'une vie factice, bien autrement douce que la vie réelle.

Il y avait quatre jours à peine que Salvato était parti, et ces quatre jours d'absence avaient pris une place immense dans la vie de Luisa ; cet espace y formait une espèce de lac bleu, tranquille, solitaire et profond, réfléchissant le ciel ; si l'absence de Salvato se prolongeait, ce lac idéal s'agrandirait en raison de la durée de l'absence ; si l'absence était éternelle, le lac alors prendrait toute sa vie, passé et avenir, submergeant l'espérance dans l'avenir, la mémoire dans le passé, et arriverait, comme la mer, à n'avoir plus de rivages visibles.

Dans cette vie de la pensée qui l'emportait sur la vie matérielle, tout, comme dans un rêve, prenait une forme analogue au songe dans lequel elle était perdue ; ainsi, elle voyait sans impatience, venir à elle cette lettre tant attendue, sous la forme d'une voile blanche, point imperceptible à l'horizon, grandissant peu à peu et s'approchant doucement, en rasant le flot bleu de son aile de neige, du rivage sur lequel elle était couchée.

Cette mélancolie laissée par le départ de Salvato, tempérée par l'espoir du retour, perle qu'avait fait éclore au fond de son cœur la promesse positive du jeune homme, était si douce, que son mari même, dont l'éternelle bonté semblait s'alimenter de sa vue, ne l'ayant point remarquée, n'avait pas eu besoin de lui en demander la cause ; cette tendre et profonde amitié, moitié reconnaissance, moitié tendresse filiale qu'elle avait pour lui, ne souffrait en rien de cet amour qu'elle portait à un autre ; il y avait peut-être un peu de pâleur dans son sourire, quand elle allait attendre sur le perron son retour de la bibliothèque ; peut-être y avait-il, quand elle saluait ce retour, l'humidité d'une larme dans sa voix ; mais, pour que le chevalier le remarquât, il eût fallu qu'on le lui fît remarquer. San-Felice était donc demeuré l'homme calme et heureux qu'il avait toujours été.

Mais chacun d'eux éprouva une inquiétude différente, quand ils apprirent le retour du roi à Caserte.

San-Felice, en arrivant au palais royal, avait trouvé le prince absent, et son aide de camp chargé de lui dire que Son Altesse royale était allée faire une visite au roi, revenu en toute hâte de Rome la nuit précédente.

Quoique l'événement lui eût paru grave, comme il ignorait que sa femme eût à cet événement un autre intérêt que celui qu'il y prenait lui-même, il n'avait pas quitté le palais royal une minute plus tôt et était rentré chez lui à son heure accoutumée.

Seulement, en rentrant, il avait raconté ce retour à Luisa, plutôt comme une chose extraordinaire que comme une chose inquiétante ; mais Luisa, qui savait, par les confidences de Salvato, qu'une bataille était instante, avait tout de suite pensé que le retour du roi se rattachait à cette bataille, et, avec assurance, elle avait émis cette supposition qui avait étonné le chevalier par sa justesse, que, si le roi était revenu, il y avait probablement eu rencontre entre les Français et les Napolitains, et que, dans cette rencontre, les Français avaient été vainqueurs.

Mais, en émettant cette supposition, qui, pour elle, était une certitude, Luisa avait eu besoin de toute sa puissance sur elle-même pour ne pas laisser voir son émotion; car les Français n'avaient pas été vainqueurs sans lutte, et, dans cette lutte, ils avaient dû avoir un plus ou moins grand nombre de morts et de blessés; or, qui pouvait lui assurer que Salvato n'était au nombre ni des blessés ni des morts?

Sous le premier prétexte venu, Luisa s'était retirée dans sa chambre, et, devant le même crucifix qui avait assisté son père mourant, sur lequel San-Felice avait juré d'accomplir les volontés du prince Caramanico en épousant Luisa et en la rendant heureuse, elle pria longtemps et pieusement, ne donnant pas de motif à sa prière et laissant à Dieu le soin de découvrir ce motif, s'il y en avait un.

A cinq heures, San-Felice avait entendu un grand bruit dans la rue; il s'était approché de la fenêtre, avait vu des hommes courant de tous côtés, en posant sur la muraille des affiches que chacun s'empressait de lire. Il était alors descendu, s'était approché d'une affiche, avait lu comme les autres l'incompréhensible proclamation ; puis, comme tout esprit scrutateur, il avait été préoccupé du désir de trouver le mot de cette énigme politique, avait demandé à Luisa si elle voulait descendre avec lui jusqu'à la ville pour avoir des nouvelles, et, sur son refus, y était allé seul.

En son absence, Cirillo était venu ; il ignorait le départ de Salvato ; à lui la jeune femme dit tout : comment Nanno était venue et, avec son langage figuré, avait, sous la forme d'une légende grecque, fait comprendre à Salvato que les Français allaient combattre et qu'il devait combattre avec eux. Cirillo, ne sachant rien de plus que San-Felice, était fort inquiet ; mais il donna la certitude à Luisa que, s'il n'était point arrivé malheur à Salvato, Salvato, par un moyen quelconque, ferait parvenir des nouvelles à ses amis. Alors, ce qu'il saurait, Cirillo s'engageait à le lui faire savoir.

Luisa ne lui dit point que, sous ce rapport, elle avait l'espérance d'être renseignée au moins aussi vite que lui.

Cirillo était parti depuis longtemps, lorsque San-Felice rentra ; il avait assisté au triomphe du roi et haussé les épaules à l'enthousiasme des Napolitains ;

le côté embarrassé et obscur de la proclamation n'avait point échappé à son esprit sagace, et son cœur n'était pas si naïf qu'il ne crût à quelque tromperie.

Il regretta de n'avoir point vu Cirillo, qu'il aimait comme homme, qu'il admirait comme médecin.

A onze heures, il se retira chez lui, et Luisa rentra chez elle, ou plutôt dans la chambre de Salvato, comme elle avait coutume de le faire quand il y était, et même depuis qu'il n'y était plus ; la crainte avait donné à son amour quelque chose de plus passionné que d'habitude ; elle s'agenouilla devant le lit, pleura beaucoup, et, à plusieurs reprises, appuya ses lèvres sur l'oreiller où avait reposé la tête du blessé.

Un léger bruit la fit retourner : Giovannina l'avait suivie ; elle se redressa, honteuse d'être surprise par la jeune fille, qui s'excusa en disant :

— J'ai entendu pleurer madame, et j'ai pensé que madame avait peut-être besoin de moi.

Luisa se contenta de secouer la tête ; elle s'abstenait de parler, craignant que ses paroles mouillées de larmes n'en dissent plus qu'elle n'en voulait dire.

Le lendemain, Luisa était pâle, défaite ; son excuse fut le bruit que l'on avait fait toute la nuit en tirant des pétards et des mortarelli.

Le chevalier achevait de déjeuner, lorsqu'une voiture s'arrêta à la porte. Giovannina ouvrit et introduisit le secrétaire du prince; le prince, forcé d'aller au conseil à midi, et désirant causer avec San-Felice avant d'aller au conseil, lui envoyait sa voiture et le priait de venir sans perdre un instant.

Sur le perron, le chevalier croisa le facteur, qui, trouvant la porte ouverte, était entré : il tenait une lettre à la main.

— Est-ce pour moi ? demanda San-Felice.

— Non, Excellence, c'est pour madame.

— D'où vient-elle ?

— De Portici.

— Portez vite ! c'est de la gouvernante de madame, problablement.

Et San-Felice continua son chemin et monta dans la voiture, qui partit au grand trot.

Luisa avait entendu le court dialogue du facteur et de son mari; elle s'avança au-devant de l'homme de la poste et lui prit la lettre des mains.

Cette lettre était d'une écriture inconnue.

Elle l'ouvrit machinalement, porta son regard sur la signature et jeta un cri : la lettre était de Salvato.

Elle l'appuya sur son cœur et courut s'enfermer dans la chambre sacrée.

Il lui semblait que c'eût été une impiété de lire

la première lettre qu'elle recevait de son ami autre part que dans cette chambre.

— C'est de lui! murmura-t-elle en tombant sur le fauteuil placé au chevet du lit, c'est de lui!

Elle fut un moment sans pouvoir lire; le sang qui s'élançait de son cœur et qui montait à son cerveau faisait battre ses tempes et jetait un voile sur ses yeux.

Salvato écrivait du champ de bataille :

« Remerciez Dieu, ma bien-aimée! je suis arrivé à temps pour le combat, et n'ai point été étranger à la victoire; vos saintes et virginales prières ont été exaucées; Dieu, invoqué par le plus beau de ses anges, a veillé sur moi et sur mon honneur.

» Jamais victoire n'a été plus complète, ma bien-aimée Luisa; sur le champ de bataille même, mon cher général m'a serré sur son cœur et m'a fait chef de brigade. L'armée de Mack s'est évanouie comme une fumée! Je pars à l'instant pour Civita-Ducale, d'où je trouverai moyen de vous expédier cette lettre. Dans le désordre qui va résulter de notre victoire et de la défaite des Napolitains, il est impossible de compter sur la poste. Je vous aime tout à la fois d'un cœur gonflé d'amour et d'orgueil. Je vous aime! je vous aime!...

» Civita-Ducale, deux heures du matin.

» Me voilà déjà plus près de vous de dix lieues. Nous avons trouvé, Hector Caraffa et moi, un paysan qui, grâce à mon cheval, que j'avais laissé ici et dont vous ferez tous mes compliments à Michele, consent à partir à l'instant même ; il ne s'arrêtera que lorsque le cheval tombera sous lui, et il en prendra aussitôt un autre ; il se charge de porter une lettre à celui de nos amis chez lequel Hector était caché à Portici. Votre lettre sera incluse dans la sienne ; il vous la fera passer.

» Je vous dis cela pour que vous ne cherchiez pas comment elle vous arrive ; cette préoccupation vous éloignerait un instant de moi. Non, je veux que vous soyez tout à la joie de me lire, comme je suis, moi, tout au bonheur de vous écrire.

» Notre victoire est si complète, que je ne crois pas que nous ayons une autre bataille à livrer. Nous marchons droit sur Naples, et, si rien ne nous arrête, comme c'est probable, je pourrai vous revoir dans huit ou dix jours au plus.

» Vous laisserez ouverte la fenêtre par laquelle je suis sorti, je rentrerai par cette même fenêtre. Je vous reverrai dans cette même chambre où j'ai été si heureux, je vous y rapporterai la vie que vous m'y avez donnée.

» Je ne négligerai aucune occasion de vous écrire; si cependant vous ne receviez pas de lettre de moi, ne soyez pas inquiète, les messagers auraient été infidèles, arrêtés ou tués.

» O Naples! ma chère patrie! mon second amour après vous! Naples, tu vas donc être libre!

» Je ne veux pas retarder mon courrier, je ne veux pas retarder votre joie; je suis heureux deux fois, de mon bonheur et du vôtre. Au revoir, ma bien adorée Luisa! Je vous aime! je vous aime!...

» SALVATO. »

Luisa lut la lettre du jeune homme dix fois, vingt fois peut-être; elle l'eût relue sans cesse, la mesure du temps manquait.

Tout à coup, Giovannina frappa à la porte.

— M. le chevalier rentre, dit-elle.

Luisa jeta un cri, baisa la lettre, la mit sur son cœur, jeta, en sortant de la chambre, un regard vers cette autre chambre par la fenêtre de laquelle était sorti Salvato, fenêtre par laquelle il devait rentrer.

— Oui, oui, murmura-t-elle en lui envoyant un sourire.

Cet amour était si fécond, qu'il donnait une existence à tous les objets inertes ou insensibles qui entouraient Luisa et qui avaient entouré Salvato.

Luisa entra au salon par une porte, tandis que son mari y entrait par l'autre.

Le chevalier était visiblement préoccupé.

— Qu'avez-vous, mon ami? demanda Luisa marchant à lui et le regardant avec ses yeux limpides. Vous êtes triste!

— Non, mon enfant, répondit le chevalier, pas triste : inquiet.

— Vous avez vu le prince? demanda la jeune femme.

— Oui, répondit le chevalier.

— Et votre inquiétude vous vient de la conversation que vous avez eue avec Son-Altesse?

Le chevalier fit de la tête un signe affirmatif.

Luisa essaya de lire dans sa pensée.

Le chevalier s'assit, prit les deux mains de Luisa, debout devant lui, et la regarda à son tour.

— Parlez, mon ami, dit Luisa, que commençait d'atteindre un triste pressentiment. Je vous écoute.

— La situation dans laquelle se trouve la famille royale, dit le chevalier, est aussi grave au moins que nous l'avions présagé hier au soir; il n'y a aucune espérance de défendre l'entrée de Naples aux Français, et la résolution est prise par elle de se retirer en Sicile.

Sans savoir pourquoi, Luisa sentit son cœur se serrer.

Le chevalier vit sur le visage de Luisa le reflet de ce qui se passait dans son cœur. Sa lèvre frémissait, son œil se fermait à demi.

— Alors... Écoute bien ceci, mon enfant, dit le chevalier avec cet accent de douce tendresse paternelle qu'il prenait parfois avec Luisa. Alors, le prince m'a dit : « Chevalier, vous êtes mon seul ami ; vous êtes le seul homme avec lequel j'aie un vrai plaisir à causer ; le peu d'instruction solide que j'ai, je vous le dois ; le peu que je vaux, c'est de vous que je le tiens ; un seul homme peut m'aider à supporter l'exil, et c'est vous, chevalier. Je vous en prie, je vous en supplie, si je suis obligé de partir, partez avec moi ! »

Luisa sentit un frisson lui passer par tout le corps.

— Et... qu'avez-vous répondu, mon ami ? demanda-t-elle d'une voix tremblante.

— J'ai eu pitié de cette infortune royale, de cette faiblesse dans la grandeur, de ce prince sans ami dans l'exil, de cet héritier de la couronne sans serviteur parce qu'il allait peut-être perdre la couronne ; j'ai promis.

Luisa tressaillit; ce tressaillement n'échappa point au chevalier, qui lui tenait les mains.

— Mais, reprit-il vivement, comprends bien ceci Luisa : ma promesse est toute personnelle, elle n'engage que moi; éloignée de la cour, où tu as dédaigné de prendre ta place, tu n'as, toi, d'obligation envers personne.

— Vous croyez, mon ami?

— Je le crois; tu es donc libre, enfant chérie de mon cœur, de rester à Naples, de ne pas quitter cette maison que tu aimes, ce jardin où tu as couru et joué tout enfant, ce petit coin de terre, enfin, où tu as amassé dix-sept ans de souvenirs; car il y a dix-sept ans que tu es ici et que tu fais la joie de mon foyer! il me semble que tu y es venue hier.

Le chevalier poussa un soupir.

Luisa ne répondit rien ; il continua :

— La duchesse Fusco, qui est exilée par la reine, la reine à peine éloignée, va revenir à son tour; avec une pareille amie pour veiller sur toi, je n'aurai pas plus de crainte que si tu étais près d'une mère. Dans quinze jours, les Français seront à Naples; mais tu n'as rien à redouter des Français. Je les connais, ayant longtemps vécu avec eux. Ils apportent à mon pays des bienfaits dont j'aurais voulu qu'il fût doté par ses souverains : la liberté, l'intelligence. Tous mes amis et, par conséquent, tous les tiens sont patriotes ; aucune révolution ne peut t'inquiéter, aucune persécution ne saurait t'atteindre.

— Ainsi, mon ami, lui demanda Luisa, vous croyez que je puis vivre heureuse sans vous?

— Un mari comme moi, chère enfant, dit San-Felice avec un soupir, n'est point un mari regrettable pour une femme de ton âge.

— Mais, en admettant que je puisse vivre sans vous, vous, mon ami, pourrez-vous vivre sans moi?

San-Felice baissa la tête.

— Vous craignez que cette maison, ce jardin, ce petit coin de terre, ne me manquent, continua Luisa ; mais ma présence ne vous manquera-t-elle point, à vous ? notre vie, commune depuis dix-sept ans, en se disjoignant tout à coup, ne déchirera-t-elle point en vous quelque chose, non-seulement d'habituel, mais encore d'indispensable ?

San-Felice resta muet.

— Quand vous ne voulez pas abandonner le prince, qui n'est que votre ami, ajouta Luisa d'une voix oppressée, me donnez-vous une preuve d'estime en me proposant de vous abandonner, vous qui êtes tout à la fois et mon père et mon ami, vous qui avez mis l'intelligence dans mon esprit, la bonté dans mon cœur, Dieu dans mon âme?

San-Felice poussa un soupir.

— Quand vous avez promis au prince de le suivre, enfin, avez-vous pensé que je ne vous suivrais pas?

Une larme tomba des yeux du chevalier sur la main de Luisa.

— Si vous avez pensé cela, mon ami, continua-t-elle avec un doux et triste mouvement de tête, vous avez eu tort ; mon père mourant nous a unis, Dieu a béni notre union, la mort seule nous désunira. Je vous suivrai, mon ami.

San-Felice releva vivement sa tête rayonnante de bonheur, et ce fut une larme de Luisa qui tomba à son tour sur la main de son mari.

— Mais tu m'aimes donc? Bénédiction du bon Dieu! tu m'aimes donc? s'écria le chevalier.

— Mon père, dit Luisa, vous avez été ingrat, demandez pardon à votre fille.

San-Felice se jeta à genoux, baisant les mains de sa fille, tandis qu'elle, levant les yeux au ciel, murmurait :

— N'est-ce pas, mon Dieu, que, si je ne faisais pas ce que je fais, n'est-ce pas que je serais indigne de tous deux?

LXVII

LES DEUX AMIRAUX.

Le prince François, en présentant à San-Felice la fuite de la famille royale en Sicile comme résolue, avait cru parler au nom de son père et de sa mère ; mais, en réalité, il avait parlé au nom seul de la reine ; de ce côté, en effet, la fuite était résolue et on la voulait à tout prix ; mais, en voyant le dévouement de son peuple, tout aveugle qu'il était, et par cela même qu'il était aveugle, en écoutant ces protestations faites par cent mille hommes, de mourir pour lui depuis le premier jusqu'au dernier, le roi s'était repris à l'idée de défendre sa capitale et d'en appeler de la lâcheté de l'armée à l'énergie de ce peuple qui s'offrait si spontanément à lui.

Il se levait donc le 11 décembre au matin, c'est-à-dire le lendemain de cet incroyable triomphe auquel nous avons essayé de faire assister nos lecteurs, sans parti pris encore, mais penchant plutôt pour celui de la résistance que pour celui de la fuite, quand on lui annonça que l'amiral François Caracciolo était depuis une demi-heure dans l'antichambre, attendant qu'il fît jour chez sa Majesté.

Excité par les préventions de la reine, Ferdinand n'aimait point l'amiral, mais ne pouvait s'empêcher de l'estimer ; son admirable courage dans les différentes rencontres qu'il avait eues avec les Barbaresques, le bonheur avec lequel il avait tiré sa frégate, *la Minerve,* de la rade de Toulon, quand Toulon avait été repris par Bonaparte sur les Anglais, le sang-froid qu'il avait déployé dans la protection donnée par lui aux autres vaisseaux, qu'il avait ramenés, mutilés par les boulets et désemparés par la tempête, c'est vrai, mais enfin qu'il avait ramenés sans en perdre un seul, lui avaient alors valu le grade d'amiral.

On a vu, dans les premiers chapitres de ce récit, les motifs que croyait avoir la reine de se plaindre de l'amiral, qu'elle était parvenue, avec son adresse ordinaire, à mettre assez mal dans l'esprit du roi.

Ferdinand crut que Caracciolo venait pour lui demander la grâce de Nicolino, qui était son neveu, et, enchanté d'avoir, par la fausse position où s'était mis un membre de sa famille, prise sur l'amiral, auquel il se sentait dans la malveillante disposition d'être désagréable, il ordonna de le faire entrer à l'instant même.

L'amiral, revêtu de son grand uniforme, entra calme et digne comme toujours ; sa haute position sociale mettait depuis quatre cents ans les chefs de sa famille en contact avec les souverains de toute race, angevins, aragonais, espagnols, qui s'étaient succédé sur le trône de Naples ; il joignait donc à une suprême dignité cette courtoisie parfaite dont il avait donné un échantillon à la reine dans le double refus qu'il avait fait, pour sa nièce et pour lui-même, d'assister aux fêtes que la cour avait données à l'amiral Nelson.

Cette courtoisie, de quelque part qu'elle vînt, embarrassait toujours un peu Ferdinand, dont la courtoisie n'était point la qualité dominante ; aussi, lorsqu'il vit l'amiral s'arrêter respectueusement à quelques pas de lui et attendre, selon l'étiquette de la cour, que le roi lui adressât le premier la parole, n'eut-il rien de plus pressé que de commencer la conversation par le reproche qu'il avait à lui faire.

— Ah ! vous voilà, monsieur l'amiral, lui dit-il ; il paraît que vous avez fort insisté pour me voir ?

— C'est vrai, sire, répondit Caracciolo en s'inclinant ; je croyais de toute urgence d'avoir l'honneur de pénétrer jusqu'à Votre Majesté.

— Oh ! je sais ce qui vous amène, dit le roi.

— Tant mieux pour moi, sire, dit Caracciolo ; dans ce cas, c'est une justice que le roi rend à ma fidélité.

— Oui, oui, vous venez me parler pour ce mauvais sujet de Nicolino, votre neveu, n'est-ce pas ? qui s'est mis, à ce qu'il paraît, dans une méchante affaire, puisqu'il ne s'agit pas moins que de crime de haute trahison ; mais je vous préviens que toute prière, même la vôtre, sera inutile, et que la justice aura son cours.

Un sourire passa sur la figure austère de l'amiral.

— Votre Majesté est dans l'erreur, dit-il ; au milieu des grandes catastrophes politiques, les petits accidents de famille disparaissent. Je ne sais point et ne veux point savoir ce qu'a fait mon neveu ; s'il est innocent, son innocence ressortira de l'instruction du procès, comme est ressortie celle du chevalier de Medici, du duc de Canzano, de Mario Pagano et de tant de prévenus qu'après les avoir gardés trois ans, les prisons ont été obligées de rendre à la liberté ; s'il est coupable, la justice aura son cours. Nicolino est de haute race ; il aura le droit d'avoir la tête tranchée, et, Votre Majesté le sait, l'épée est une arme si noble, que, même aux mains du bourreau, elle ne déshonore pas ceux qui sont frappés par elle.

— Mais, alors, dit le roi un peu étonné de cette dignité si simple et si calme, dont sa nature, son tempérament, son caractère ne lui donnaient aucune notion instinctive ; mais, alors, si vous ne venez point me parler de votre neveu, de quoi venez-vous donc me parler?

— Je viens vous parler de vous, sire, et du royaume.

— Ah! ah! fit le roi, vous venez me donner des conseils?

— Si Votre Majesté daigne me consulter, répondit Caracciolo avec un respectueux mouvement de tête, je serai heureux et fier de mettre mon humble expérience à sa disposition. Dans le cas contraire, je me contenterai d'y mettre ma vie et celle des braves marins que j'ai l'honneur de commander.

Le roi eût été heureux de trouver une occasion de se fâcher ; mais, devant une pareille réserve et un semblable respect, il n'y avait pas de prétexte à la colère.

— Hum! fit-il, hum!

Et, après deux ou trois secondes de silence :

— Eh bien, amiral, dit-il, je vous consulterai.

Et, en effet, il se tournait déjà vers Caracciolo, lorsqu'un valet de pied, entrant par la porte des appartements, s'approcha du roi et lui dit à demi-voix quelques paroles que Caracciolo n'entendit point et ne chercha point à entendre.

— Ah! ah! dit-il; et il est là?

— Oui, sire; il dit qu'avant-hier, à Caserte, Votre Majesté lui a dit qu'elle avait à lui parler.

— C'est vrai.

Se tournant alors vers Caracciolo :

— Ce que vous avez à me dire, monsieur, peut-il se dire devant un témoin?

— Devant le monde entier, sire.

— Alors, dit le roi en se retournant vers le valet de pied, faites entrer. D'ailleurs, continua-t-il en s'adressant à Caracciolo, celui qui demande à entrer est un ami, plus qu'un ami, un allié : c'est l'illustre amiral Nelson.

En ce moment, la porte s'ouvrit et le valet de pied annonça solennellement :

— Lord Horace Nelson du Nil, baron de Bornhum-Thorpes, duc de Bronte!

Un léger sourire, qui n'était pas exempt d'amertume, effleura, à l'énumération de tous ces titres, les lèvres de Caracciolo.

Nelson entra; il ignorait avec qui le roi se trouvait; il fixa son œil gris sur celui qui l'avait précédé dans le cabinet du roi et reconnut l'amiral Caracciolo.

11.

— Je n'ai pas besoin de vous présenter l'un à l'autre, n'est-ce pas, messieurs? dit le roi. Vous vous connaissez.

— Depuis Toulon, oui, sire, dit Nelson.

— J'ai l'honneur de vous connaître depuis plus longtemps que cela, monsieur, répondit Caracciolo avec sa courtoisie ordinaire : je vous connais depuis le jour où, sur les côtes du Canada, vous avez, avec un brick, combattu contre quatre frégates françaises, et où vous leur avez échappé en faisant traverser à votre bâtiment une passe que, jusque-là, on croyait impraticable. C'était en 1786, je crois ; il y a douze ans de cela.

Nelson salua ; lui non plus, le brutal marin, n'était point familier avec ce langage.

— Milord, dit le roi, voici l'amiral Caracciolo qui vient m'offrir ses conseils sur la situation ; vous la connaissez. Asseyez-vous et écoutez ce que l'amiral va dire ; quand il aura fini, vous répondrez si vous avez quelque chose à répondre ; seulement, je vous le dis d'avance, je serais heureux que deux hommes si éminents et qui connaissent si bien l'art de la guerre fussent du même avis.

— Si milord, comme j'en suis certain, dit Caracciolo, est un véritable ami du royaume, j'espère qu'il n'y aura dans nos opinions que de légères divergences de détail qui ne nous empêcheront point d'être d'accord sur le fond.

— Parle, Caracciolo, parle, dit le roi en revenant à l'habitude que les rois d'Espagne et de Naples ont de tutoyer leurs sujets.

— Hier, répliqua l'amiral, le bruit s'est répandu dans la ville, à tort, je l'espère, que Votre Majesté, désespérant de défendre son royaume de terre ferme, était décidée à se retirer en Sicile.

— Et tu serais d'un avis contraire, toi, à ce qu'il paraît?

— Sire, répondit Caracciolo, je suis et je serai toujours de l'avis de l'honneur contre les conseils de la honte. Il y va de l'honneur du royaume, sire, et, par conséquent, de celui de votre nom, que votre capitale soit défendue jusqu'à la dernière extrémité.

— Tu sais, dit le roi, dans quel état sont nos affaires?

— Oui, sire, mauvaises, mais non perdues. L'armée est dispersée, mais elle n'est pas détruite ; trois ou quatre mille morts, six ou huit mille prisonniers, ôtez cela de cinquante-deux mille hommes, il vous en restera quarante mille, c'est-à-dire une armée quatre fois plus nombreuse encore que celle des Français, combattant sur son territoire, défendant des défilés inexpugnables, ayant l'appui des populations de vingt villes et de soixante villages, le secours de trois citadelles imprenables sans matériel de siége, Civitella-del-Tronto, Gaete et Pescara, sans compter Capoue, dernier boulevard, rempart suprême de Naples, jusqu'où les Français ne pénètreront même pas.

— Et tu te chargerais de rallier l'armée, toi?

— Oui, sire.

— Explique-moi de quelle façon; tu me feras plaisir.

— J'ai quatre mille marins sous mes ordres, sire; ce sont des hommes éprouvés et non des soldats d'hier comme ceux de votre armée de terre; donnez-m'en l'ordre, sire, je me mets à l'instant même à leur tête; mille défendront le passage d'Itri à Sessa, mille celui de Sora à San-Germano, mille celui de Castel-di-Sangro à Isernia; les mille autres, — les marins sont bons à tout, milord Nelson le sait mieux que personne, lui qui a fait faire aux siens des prodiges! — les mille autres, transformés en pionniers, seront occupés à fortifier ces trois passages et à y faire le service de l'artillerie; avec eux, ne fût-ce qu'au moyen de nos piques d'abordage, je soutiens le choc des Français, si terrible qu'il soit, et, quand vos soldats verront comment les marins meurent, sire, ils se rallieront derrière eux, surtout si

Votre Majesté est là pour leur servir de drapeau.

— Et qui gardera Naples pendant ce temps?

— Le prince royal, sire, et les huit-mille hommes, sous les ordres du général Naselli, que milord Nelson a conduits en Toscane, où ils n'ont plus rien à faire. Milord Nelson a laissé, je crois, une partie de sa flotte à Livourne; qu'il envoie un bâtiment léger avec ordre de Sa Majesté de ramener à Naples ces huit mille hommes de troupes fraîches, et elles pourront, Dieu aidant, être ici dans huit jours. Ainsi, voyez, sire, voyez quelle masse terrible vous reste : quarante-cinq ou cinquante mille hommes de troupes, la population de trente villes et de cinquante villages qui va se soulever, et, derrière tout cela, Naples avec ses cinq cent mille âmes. Que deviendront dix mille Français perdus dans cet océan?

— Hum! fit le roi regardant Nelson, qui continua de demeurer dans le silence.

— Il sera toujours temps, sire, continua Caracciolo, de vous embarquer. Comprenez bien cela : les Français n'ont pas une barque armée, et vous avez trois flottes dans le port : la vôtre, la flotte portugaise et celle de Sa Majesté Britannique.

— Que dites-vous de la proposition de l'amiral, milord? dit le roi mettant cette fois Nelson dans la nécessité absolue de répondre.

— Je dis, sire, répondit Nelson en demeurant assis et continuant de tracer de sa main gauche, avec une plume, des hiéroglyphes sur un papier, je dis qu'il n'y a rien de pis au monde, quand une résolution est prise, que d'en changer.

— Le roi avait-il déjà pris une résolution? demanda Caracciolo.

— Non, tu vois, pas encore; j'hésite, je flotte...

— La reine, dit Nelson, a décidé le départ.

— La reine? fit Caracciolo ne laissant pas au roi le temps de répondre. Très-bien! qu'elle parte. Les femmes, dans les circonstances où nous sommes, peuvent s'éloigner du danger; mais les hommes doivent y faire face.

— Milord Nelson, tu le vois, Caracciolo, milord Nelson est de l'avis du départ.

— Pardon, sire, répondit Caracciolo, mais je ne crois pas que milord Nelson ait donné son avis.

— Donnez-le, milord, dit le roi, je vous le demande.

— Mon avis, sire, est le même que celui de la reine, c'est-à-dire que je verrai avec joie Votre Majesté chercher en Sicile un refuge assuré que ne lui offre plus Naples.

— Je supplie milord Nelson de ne pas donner légèrement son avis, dit Caracciolo s'adressant à son collègue; car il savait d'avance de quel poids est l'avis d'un homme de son mérite.

— J'ai dit, et je ne me rétracte point, répondit durement Nelson.

— Sire, répondit Caracciolo, milord Nelson est Anglais, ne l'oubliez pas.

— Que veut dire cela, monsieur? demanda fièrement Nelson.

— Que, si vous étiez Napolitain au lieu d'être Anglais, milord, vous parleriez autrement.

— Et pourquoi parlerais-je autrement si j'étais Napolitain?

— Parce que vous consulteriez l'honneur de votre pays, au lieu de consulter l'intérêt de la grande Bretagne.

— Et quel intérêt la Grande-Bretagne a-t-elle au conseil que je donne au roi, monsieur?

— En faisant le péril plus grand, on demandera a récompense plus grande. On sait que l'Angleterre veut Malte, milord.

— L'Angleterre a Malte, monsieur; le roi la lui a donnée.

— Oh! sire, fit Caracciolo avec le ton du reproche, on me l'avait dit, mais je n'avais pas voulu le croire.

— Et que diable voulais-tu que je fisse de Malte?

dit le roi. Un rocher bon à faire cuire des œufs au soleil !

— Sire, dit Caracciolo sans plus s'adresser à Nelson, je vous supplie, au nom de tout ce qu'il y a de cœurs vraiment napolitains dans le royaume, de ne plus écouter les conseils étrangers, qui mettent votre trône à deux doigts de l'abîme. M. Acton est étranger, sir William Hamilton est étranger, milord Nelson lui-même est étranger ; comment voulez-vous qu'ils soient justes dans l'appréciation de l'honneur napolitain ?

— C'est vrai, monsieur ; mais ils sont justes dans l'appréciation de la lâcheté napolitaine, répondit Nelson, et c'est pour cela que je dis au roi, après ce qui s'est passé à Civita-Castellana : Sire, vous ne pouvez plus vous confier aux hommes qui vous ont abandonné, soit par peur, soit par trahison.

Carracciolo pâlit affreusement et porta, malgré lui, la main à la garde de son épée ; mais, se rappelant que Nelson n'avait qu'une main pour tirer la sienne, et que cette main, c'était la gauche, il se contenta de dire :

— Tout peuple a ses heures de défaillance, sire. Ces Français, devant lesquels nous fuyons, ont eu trois fois leur Civita-Castellana : Poitiers, Crécy,

Azincourt; une seule victoire a suffi pour effacer trois défaites : Fontenoy.

Caracciolo prononça ces mots en regardant Nelson, qui se mordit les lèvres jusqu'au sang; puis, s'adressant de nouveau au roi :

— Sire, continua-t-il, c'est le devoir d'un roi qui aime son peuple, de lui offrir l'occasion de se relever d'une de ces défaillances; que le roi donne un ordre, dise un mot, fasse un signe, et pas un Français ne sortira des Abruzzes, s'ils ont l'imprudence d'y entrer.

— Mon cher Caracciolo, dit le roi revenant à l'amiral, dont le conseil caressait son secret désir, tu es de l'avis d'un homme dont j'apprécie fort les avis; tu es de l'avis du cardinal Ruffo.

— Il ne manquait plus à Votre Majesté que de mettre un cardinal à la tête de ses armées, dit Nelson avec un sourire de mépris.

— Cela n'a déjà pas si mal réussi à mon aïeul Louis XIII ou Louis XIV, je ne sais plus bien lequel, que de mettre un cardinal à la tête de ses armées, et il y a un certain Richelieu qui, en prenant la Rochelle et en forçant le Pas-de-Suze, n'a pas fait de tort à la monarchie.

— Eh bien, sire, s'écria vivement Caracciolo se cramponnant à cet espoir que lui donnait le roi, c'est le bon génie de Naples qui vous inspire ; abandonnez-vous au cardinal Ruffo, suivez ses conseils, et, moi, que vous dirai-je de plus ? je suivrai ses ordres.

— Sire, dit Nelson en se levant et en saluant le roi, Votre Majesté n'oubliera pas, je l'espère, que, si les amiraux italiens obéissent aux ordres d'un prêtre, un amiral anglais n'obéit qu'aux ordres de son gouvernement.

Et, jetant à Caracciolo un regard dans lequel on pouvait lire la menace d'une haine éternelle, Nelson sortit par la même porte qui lui avait donné entrée et qui communiquait avec les appartements de la reine.

Le roi suivit Nelson des yeux, et, quand la porte se fut refermée derrière lui :

— Eh bien, dit-il, voilà le remercîment de mes vingt mille ducats de rente, de mon duché de Bronte, de mon épée de Philippe V. et de mon grand cordon de Saint-Ferdinand. Il est court, mais il est net.

Puis, revenant à Caracciolo :

— Tu as bien raison, mon pauvre François, lui dit-il, tout le mal est là, les étrangers ! M. Acton, sir William, M. Mack, lord Nelson, la reine elle-même, des Irlandais, des Allemands, des Anglais, des Autrichiens partout ; des Napolitains nulle part. Quel bouledogue que ce Nelson ! C'est égal, tu l'as bien rembarré! Si jamais nous avons la guerre avec l'Angleterre et qu'il te tienne entre ses mains, ton compte est bon...

— Sire, dit Caracciolo en riant, je suis heureux, au risque des dangers auxquels je me suis exposé en me faisant un ennemi du vainqueur d'Aboukir, je suis heureux d'avoir mérité votre approbation.

— As-tu vu la grimace qu'il a faite quand tu lui as jeté au nez... Comment as-tu dit? Fontenoy, n'est-ce pas?

— Oui, sire.

— Ils ont donc été bien frottés à Fontenoy, messieurs les Anglais?

— Raisonnablement.

— Et quand on pense que, si San-Nicandro n'avait pas fait de moi un âne, je pourrais, moi aussi, répondre de ces choses-là! Enfin, il est malheureusement trop tard maintenant pour y remédier.

— Sire, dit Caracciolo, me permettrez-vous d'insister encore?

— Inutile, puisque je suis de ton avis. Je verrai Ruffo aujourd'hui, et nous reparlerons de tout cela ensemble; mais pourquoi diable, maintenant que nous ne sommes que nous deux, pourquoi t'es-tu fait un ennemi de la reine? Tu sais pourtant que, quand elle déteste, elle déteste bien!

Caracciolo fit un mouvement de tête qui indiquait qu'il n'avait pas de réponse à faire à ce reproche du roi.

— Enfin, dit Ferdinand, ceci, c'est comme l'affaire de San-Nicandro : ce qui est fait est fait; n'en parlons plus.

— Ainsi donc, insista Caracciolo revenant à son incessante préoccupation, j'emporte l'espoir que Votre Majesté a renoncé à cette honteuse fuite et que Naples sera défendue jusqu'à la dernière extrémité?

— Emportes-en mieux que l'espoir, emportes-en la certitude; il y a conseil aujourd'hui, je vais leur signifier que ma volonté est de rester à Naples. J'ai bien retenu tout ce que tu m'as dit de nos moyens de défense : sois tranquille; quant au Nelson, c'est Fontenoy, n'est-ce pas, qu'il faut lui cracher à la face quand on veut qu'il se morde les lèvres? C'est bien, on s'en souviendra.

— Sire, une dernière grâce?

— Dis.

— Si, contre toute attente, Votre Majesté partait...

— Puisque je te dis que je ne pars pas.

— Enfin, sire, si par un hasard quelconque, si par un revirement inattendu, Votre Majesté partait, j'espère qu'elle ne ferait pas cette honte à la marine napolitaine de partir sur un navire anglais.

— Oh! quant à cela, tu peux être tranquille. Si j'en étais réduit à cette extrémité, dame! je ne te réponds pas de la reine, la reine ferait ce qu'elle voudrait; mais, moi, je te donne ma parole d'honneur que je pars sur ton bâtiment, sur *la Minerve*. Ainsi, te voilà prévenu; change ton cuisinier s'il est mauvais, et fais provision de macaroni et de parmesan, si tu n'en as pas une quantité suffisante à bord. Au revoir... C'est bien Fontenoy, n'est-ce pas?

— Oui, sire.

Et Caracciolo, ravi du résultat de son entrevue avec le roi, se retira, comptant sur la double promesse qu'il lui avait faite.

Le roi le suivit des yeux avec une bienveillance marquée.

— Et quand on pense, dit-il, qu'on est assez bête de se brouiller avec des hommes comme ceux-là, pour une mégère comme la reine et pour une drôlesse comme lady Hamilton!

LXVII

OÙ EST EXPLIQUÉE LA DIFFÉRENCE QU'IL Y A ENTRE LES PEUPLES LIBRES ET LES PEUPLES INDÉPENDANTS.

Le roi tint la promesse qu'il avait faite à Caracciolo ; il déclara hautement et résolûment au conseil qu'il était décidé, d'après la manifestation populaire dont il avait été témoin la veille, à rester à Naples et à défendre jusqu'à la dernière extrémité l'entrée du royaume aux Français.

Devant une déclaration si nettement formulée, il n'y avait pas d'opposition possible ; l'opposition n'eût pu être faite que par la reine, et, rassurée par la promesse positive d'Acton qu'il trouverait un moyen de faire partir le roi pour la Sicile, elle avait renoncé à une lutte ouverte dans laquelle il était du caractère de Ferdinand de s'entêter.

En sortant du conseil, le roi trouva chez lui le

cardinal Ruffo; il avait, de son côté, et selon son exactitude ordinaire, fait ce dont il était convenu avec le roi : Ferrari l'était venu trouver dans la nuit, et, une demi-heure après, il était parti pour Vienne par la route de Manfredonia, porteur de la lettre falsifiée qui devait être mise sous les yeux de l'empereur, avec lequel Ferdinand tenait beaucoup à ne pas se brouiller, l'empereur étant le seul qui pût, par l'influence qu'il exerçait en Italie, le maintenir contre la France, de même que, dans la situation contraire, c'était la France seule qui pouvait le soutenir contre l'Autriche.

Une note explicative, écrite au nom du roi de la main de Ruffo et signée par lui, accompagnait la lettre et donnait la clef de cette énigme que, sans elle, n'eût jamais pu comprendre l'empereur.

Le roi lui avait raconté ce qui s'était passé entre lui, Caracciolo et Nelson : Ruffo avait fort approuvé le roi et insisté pour une conférence entre lui et Caracciolo en présence de Sa Majesté. Il fut convenu que l'on attendrait de savoir l'effet qu'avait produit dans les Abruzzes le manifeste de Pronio, et que, sur ce qui en serait résulté, on prendrait un parti.

Le même jour encore, le roi avait reçu la visite du jeune Corse de Cesare; on se rappelle qu'il l'avait fait capitaine et lui avait ordonné de le venir voir avec l'uniforme de ce grade, pour s'assurer que ses ordres avaient été exécutés et que le ministre de la guerre lui avait délivré son brevet. Acton, chargé de mettre à exécution la volonté royale, s'était bien gardé d'y manquer, et le jeune homme — que les huissiers avaient commencé par prendre pour le prince royal, à cause de sa ressemblance avec celui-ci, — se présentait chez le roi revêtu de son uniforme et porteur de son brevet.

Le jeune capitaine était joyeux et fier; il venait mettre son dévouement et celui de ses compagnons aux pieds du roi; une seule chose s'opposait à ce qu'ils donnassent immédiatement à Sa Majesté des preuves de ce dévouement : c'est que les vieilles princesses en appelaient à la parole qu'elles avaient reçue d'eux de leur servir de gardes du corps, et ne leur rendraient cette parole que lorsqu'elles seraient à bord du bâtiment qui devait les conduire à Trieste; les sept jeunes gens s'étaient donc engagés à leur faire escorte jusqu'à Manfredonia, lieu de leur embarquement; de Manfredonia, les princesses une fois embarquées, ils reviendraient à Naples prendre leur poste parmi les défenseurs du trône et de l'autel.

Les nouvelles que l'on attendait de Pronio ne tardèrent pas à arriver; elles dépassaient tout ce qu'on pouvait espérer. La parole du roi avait retenti comme la voix de Dieu ; les prêtres, les nobles, les syndics s'en étaient fait l'écho ; le cri « Aux armes ! » avait retenti d'Isoletta à Capoue et d'Aquila à Itri ; il avait vu Fra-Diavolo et Mammone, leur avait annoncé la mission qu'il leur avait réservée et qu'ils avaient acceptée avec enthousiasme ; leur brevet à la main, le nom du roi à la bouche, leur puissance n'avait pas de limites, puisque la loi les protégeait au lieu de les réprimer. Dès lors qu'ils pouvaient donner à leur brigandage une couleur politique, ils promettaient de soulever tout le pays.

Le brigandage, en effet, est chose nationale dans les provinces de l'Italie méridionale ; c'est un fruit indigène qui pousse dans la montagne ; on pourrait dire, en parlant des productions des Abruzzes, de la Terre de Labour, de la Basilicate et de la Calabre : Les vallées produisent le froment, le maïs et les figues ; les collines produisent l'olive, la noix et le raisin ; les montagnes produisent les brigands.

Dans les provinces que je viens de nommer, le brigandage est un état comme un autre. On est brigand comme on est boulanger, tailleur, bottier. Le métier n'a rien d'infamant ; le père, la mère, le frère, la sœur du brigand ne sont point entachés le moins du monde par la profession de leur fils ou de leur frère, attendu que cette profession elle-même n'est point une tache. Le brigand exerce pendant huit ou neuf mois de l'année, c'est-à-dire pendant le printemps, pendant l'été, pendant l'automne; le froid et la neige seuls le chassent de la montagne et le repoussent vers son village; il y rentre et y est le bienvenu, rencontre le maire, le salue et est salué par lui; souvent il est son ami, quelquefois son parent.

Le printemps revenu, il reprend son fusil, ses pistolets, son poignard, et remonte dans la montagne.

De là le proverbe « Les brigands poussent avec les feuilles. »

Depuis qu'il existe un gouvernement à Naples, et j'ai consulté toutes les archives depuis 1503 jusqu'à nos jours, il y a des ordonnances contre les brigands, et, chose curieuse, les ordonnances des vice-rois espagnols sont exactement les mêmes que celles des gouverneurs italiens, attendu que les délits sont les mêmes. Vols avec effraction, vols à main armée sur la grande route, lettres de rançon avec menaces d'incendie, de mutilation, d'assassinat; assassinat, mutilation et incendie quand les billets n'ont point produit l'effet attendu.

En temps de révolution, le brigandage prend des proportions gigantesques : l'opinion politique devient un prétexte, le drapeau une excuse; le brigand est toujours du parti de la réaction, c'est-à-dire pour le trône et l'autel, attendu que le trône et l'autel acceptent seuls de tels alliés, tandis qu'au contraire les libéraux, les progressistes, les révolutionnaires les repoussent et les méprisent; les années fameuses dans les annales du brigandage sont les années de réaction politique : 1799, 1809, 1821, 1848, 1862, c'est-à-dire toutes les années où le pouvoir absolu, subissant un échec, a appelé le brigandage à son aide.

Le brigandage, dans ce cas, est d'autant plus inextirpable qu'il est soutenu par les autorités, qui, dans les autres temps, ont mission de l'empêcher. Les syndics, les adjoints, les capitaines de la garde nationale sont non-seulement *manutengoli*, c'est-à-dire soutiens des brigands, mais souvent brigands eux-mêmes.

En général, ce sont les prêtres et les moines qui soutiennent moralement le brigandage, ils en sont l'âme; les brigands, qui leur ont entendu prêcher la révolte, reçoivent d'eux, lorsqu'ils se sont révoltés, des médailles bénites qui doivent les rendre invulnérables; si par hasard, malgré la médaille, ils sont blessés, tués ou fusillés, la médaille, impuissante sur la terre, est une contre-marque infaillible du ciel, contre-marque pour laquelle saint Pierre a les plus grands égards; le brigand pris a le pied sur la première traverse de cette échelle de Jacob qui conduit droit au paradis; il baise la médaille et meurt héroïquement, convaincu qu'il est que la fusillade lui en fait monter les autres degrés.

Maintenant, d'où vient cette différence entre les individus et les masses? d'où vient que le soldat fuit parfois au premier coup de canon et que le bandit meurt en héros? Nous allons essayer de l'expliquer; car, sans cette explication, la suite de notre récit laisserait un certain trouble dans l'esprit de nos lecteurs; ils se demanderaient d'où vient cette opposition morale et physique entre les mêmes hommes réunis en masse ou combattant isolément.

Le voici :

Le courage collectif est la vertu des peuples libres.

Le courage individuel est la vertu des peuples qui ne sont qu'indépendants.

Presque tous les peuples des montagnes, les Suisses, les Corses, les Écossais, les Siciliens, les Monténégrins, les Albanais, les Druses, les Circassiens, peuvent se passer très-bien de la liberté, pourvu qu'on leur laisse l'indépendance.

Expliquons la différence énorme qu'il y a entre ces deux mots : LIBERTÉ, INDÉPENDANCE.

La *liberté* est l'abandon que chaque citoyen fait d'une portion de son indépendance, pour en former un fonds commun qu'on appelle la loi.

L'*indépendance* est pour l'homme la jouissance complète de toutes ses facultés, la satisfaction de tous ses désirs.

L'*homme libre* est l'homme de la société ; il s'appuie sur son voisin, qui à son tour s'appuie sur lui ; et, comme il est prêt à se sacrifier pour les autres, il a le droit d'exiger que les autres se sacrifient pour lui.

L'*homme indépendant* est l'homme de la nature ; il ne se fie qu'en lui-même ; son seul allié est la montagne et la forêt ; sa sauve-garde, son fusil et son poignard ; ses auxiliaires sont la vue et l'ouïe.

Avec les hommes libres, on fait des *armées*.

Avec les hommes indépendants, on fait des *bandes*.

Aux hommes libres, on dit, comme Bonaparte aux Pyramides : *Serrez les rangs !*

Aux hommes indépendants, on dit, comme Charette à Machecoul : *Égayez-vous, mes gars !*

L'homme libre se lève à la voix de son roi ou de sa patrie.

L'homme indépendant se lève à la voix de son intérêt et de sa passion.

L'homme libre *combat*.

L'homme indépendant *tue*.

L'homme libre dit : *Nous*.

L'homme indépendant dit : *Moi*.

L'homme libre, c'est *la Fraternité*.

L'homme indépendant n'est que *l'Égoïsme*.

Or, en 1798, les Napolitains n'en étaient encore qu'à l'état d'indépendance; ils ne connaissaient ni la liberté ni la fraternité; voilà pourquoi ils furent vaincus en bataille rangée par une armée cinq fois moins nombreuse que la leur.

Mais les paysans des provinces napolitaines ont toujours été indépendants.

Voilà pourquoi, à la voix des moines parlant au nom de Dieu, à la voix du roi parlant au nom de la famille, et surtout à la voix de la haine parlant au nom de la cupidité, du pillage et du meurtre, voilà pourquoi tout se souleva.

Chacun prit son fusil, sa hache, son couteau, et se mit en campagne sans autre but que la destruction, sans autre espérance que le pillage, secondant son chef sans lui obéir, suivant son exemple et non ses ordres. Des masses avaient fui devant les Français, des hommes isolés marchèrent contre eux; une armée s'était évanouie, un peuple sortit de terre.

Il était temps. Les nouvelles qui arrivaient de l'armée continuaient d'être désastreuses. Une portion de l'armée, sous les ordres d'un général Moesk, que personne ne connaissait, — pas même Nelson, qui, dans ses lettres, demande qui il est, — s'était retirée sur Calvi, et s'y était fortifiée. Macdonald, chargé, comme nous l'avons dit, par Championnet, de poursuivre la victoire et de presser la retraite des troupes royales, avait ordonné au général Maurice Mathieu d'enlever la position. Il prit place sur toutes les hauteurs qui dominaient la ville et intima au général Moesk l'ordre de se rendre : celui-ci consentit, mais à des conditions inadmissibles. Le général Maurice Mathieu ordonna de battre à l'instant même en brèche les murs d'un couvent, et, par la brèche faite à ces murs, d'entrer dans la ville.

Au dixième boulet, un parlementaire se présenta.

Mais, sans le laisser parler, le général Maurice Mathieu lui dit :

— *Prisonniers de guerre à discrétion ou passés au fil de l'épée!*

Les royaux s'étaient rendus à discrétion.

La rapidité des coups portés par Macdonald sauva une partie des prisonniers faits par Mack, mais ne put les sauver tous.

A Ascoli, trois cents républicains avaient été liés à des arbres et fusillés.

A Abricalli, trente malades ou blessés, dont quelques-uns venaient d'être amputés, avaient été égorgés dans l'ambulance.

Les autres, couchés sur la paille, avaient été impitoyablement brûlés.

Mais, fidèle à sa proclamation, Championnet n'avait répondu à toutes ces barbaries que par des actes d'humanité, qui contrastaient singulièrement avec les cruautés des soldats royaux.

Le général de Damas, seul, émigré français et qui avait cru, en cette qualité, devoir mettre son épée au service de Ferdinand, — le général de Damas, seul, avait, à la suite de cette terrible défaite de Civita-Castellana, soutenu l'honneur du drapeau blanc. Oublié par le général Mack, qui n'avait songé qu'à une chose, à sauver le roi, — oublié avec une colonne de sept mille hommes, il fit demander au général Championnet, qui venait, comme on le sait, de rentrer à Rome, la permission de traverser la ville et de rejoindre les débris de l'armée royale sur le Teverone, — débris qui, nous l'avons dit, étaient cinq fois plus nombreux encore que l'armée victorieuse.

A cette demande, Championnet fit venir un de ces jeunes officiers de distinction dont il faisait pépinière autour de lui.

C'était le chef d'état-major Bonami.

Il lui ordonna de prendre connaissance de l'état des choses et de lui faire son rapport.

Bonami monta à cheval et partit aussitôt.

Cette grande époque de la République est celle où chaque officier des armées françaises mériterait, au fur et à mesure qu'il passe sous les yeux du lecteur, une description qui rappelât celle que consacre, dans l'*Iliade,* Homère aux chefs grecs, et le Tasse, dans la *Jérusalem délivrée,* aux chefs croisés.

Nous nous contenterons de dire que Bonami était, comme Thiébaut, un de ces hommes de pensée et d'exécution à qui un général peut dire : « Voyez de vos yeux et agissez selon les circonstances. »

A la porte Solara, Bonami rencontra la cavalerie du général Rey, qui commençait à entrer dans la ville. Il mit le général Rey au courant de ce dont il était question, l'excitant, sans avoir le droit de lui en donner l'ordre, à pousser des reconnaissances sur la route d'Albano et de Frascati. Lui-même, à la tête d'un détachement de cavalerie, il traversa le Ponte-Molle, l'antique pont Milvius, et s'élança de toute la vitesse de son cheval dans la direction où il savait trouver le général de Damas, suivi de loin par le général Rey, avec son détachement, et par Macdonald, avec sa cavalerie légère.

Bonami s'était tellement hâté, qu'il avait laissé

derrière lui les troupes de Macdonald et de Rey, auxquelles il fallait au moins une heure pour le rejoindre. Voulant leur en donner le temps, il se présenta comme parlementaire.

On le conduisit au général de Damas.

— Vous avez écrit au commandant en chef de l'armée française, général, lui dit-il; il m'envoie à vous pour que vous m'expliquiez ce que vous désirez de lui.

— Le passage pour ma division, répondit le général de Damas.

— Et s'il vous le refuse?

— Il ne me restera qu'une ressource : c'est de me l'ouvrir l'épée à la main.

Bonami sourit.

— Vous devez comprendre, général, répondit-il, que vous donner bénévolement passage, à vous et à vos sept mille hommes, c'est chose impossible. Quant à vous ouvrir ce passage l'épée à la main, je vous préviens qu'il y aura du travail.

— Alors, que venez-vous me proposer, colonel? demanda le général émigré.

— Ce que l'on propose au commandant d'un corps dans la situation où est le vôtre, général : de mettre bas les armes.

Ce fut au tour du général de Damas de sourire.

— Monsieur le chef d'état-major, répondit-il, quand on est à la tête de sept mille hommes et que chacun de ces sept mille hommes a quatre-vingts cartouches dons son sac, on ne se rend pas, on passe, ou l'on meurt.

— Eh bien, soit! dit Bonami, battons-nous, général.

Le général émigré parut réfléchir.

— Donnez-moi six heures, dit-il, pour rassembler un conseil de guerre et délibérer avec lui sur les propositions que vous me faites.

Ce n'était point l'affaire de Bonami.

— Six heures sont inutiles, dit-il; je vous accorde une heure.

C'était juste le temps dont le chef d'état-major avait besoin pour que son infanterie le rejoignît.

Il fut donc convenu, le général de Damas étant à la merci des Français, que, dans une heure, il donnerait une réponse.

Bonami remit son cheval au galop et rejoignit le général Rey, pour presser la marche de ses troupes.

Mais le général de Damas, de son côté, avait mis à profit cette heure, et, quand Bonami revint avec sa troupe, il le trouva faisant sa retraite en bon ordre sur le chemin d'Orbitello.

Aussitôt, le général Rey et le chef d'état-major Bonami, à la tête, l'un d'un détachement du 16ᵉ de dragons, l'autre du 7ᵉ de chasseurs, se mirent à la poursuite des Napolitains et les rejoignirent à la Storta, où ils les chargèrent énergiquement.

L'arrière-garde s'arrêta pour faire face aux républicains.

Rey et Bonami, pour la première fois, trouvèrent chez l'ennemi une résistance sérieuse ; mais ils l'écrasèrent sous leurs charges réitérées. Pendant ce temps, la nuit vint. Le dévouement et le courage de l'arrière-garde avaient sauvé l'armée. Le général de Damas profita des ténèbres et de sa connaissance des localités pour continuer sa retraite.

Les Français, trop fatigués pour profiter de la victoire, revinrent à la Hueta, où ils passèrent la nuit.

Bonami, en récompense de l'intelligence qu'il avait développée dans la négociation et du courage qu'il avait montré dans la bataille, fut nommé par Championnet général de brigade.

Mais le général de Damas n'en avait pas fini avec les républicains. Macdonald envoya un de ses aides de camp pour informer Kellermann, qui était à Borghetta avec des troupes un peu moins fatiguées que celles qui avaient donné dans la journée, de la direction qu'avait prise la colonne napolitaine. A l'instant même, Kellermann réunit ses troupes et se dirigea, par Ronciglione, sur Toscanelli, où il heurta la colonne du général de Damas. Ces hommes qui fuyaient si facilement, commandés par un général allemand ou napolitain, tinrent ferme sous un général français, et firent une vigoureuse resistance. Damas n'en fut pas moins forcé à la retraite, qu'il soutint en se portant de lui-même à l'arrière-garde, où il combattit avec un admirable courage.

Mais une de ces charges comme en savait faire Kellermann, une blessure que reçut le général émigré, décidèrent la victoire en faveur des Français. Déjà la plus forte partie de la colonne napolitaine avait gagné Orbitello et avait eu le temps de s'embarquer sur les bâtiments napolitains qui se trouvaient dans le port. Poussé vivement dans la ville, Damas eut le temps d'en fermer les portes derrière lui, et, soit considération pour son courage, soit que le général français ne voulût point perdre son temps à l'assaut d'une bicoque, Damas obtint de Kellermann, moyennant l'abandon de son artillerie, de s'embarquer avec son avant-garde sans être inquiété.

Il en résulta que le seul général de l'armée napolitaine qui eût fait son devoir dans cette courte et honteuse campagne était un général français.

LIX

LES BRIGANDS.

Vainqueur sur tous les points, et pensant que rien n'entraverait sa marche sur Naples, Championnet ordonna de franchir les frontières napolitaines sur trois colonnes.

L'aile gauche, sous la conduite de Macdonald, envahit les Abruzzes par Aquila : elle devait forcer les défilés de Capisteallo et de Sora.

L'aile droite, sous la conduite du général Rey, envahit la Campanie par les marais Pontins, Terracine et Fondi.

Le centre, sous la conduite de Championnet lui-même, envahit la Terre de Labour par Valmontane, Ferentina, Ceperano.

Trois citadelles, presque imprenables toutes trois, défendaient les marches du royaume : Gaete, Civitella-del-Tronto, Pescara.

Gaete commandait la route de la mer Tyrrhénienne; Pescara, la route de la mer Adriatique; Civitella-del-Tronto s'élevait au sommet d'une montagne et commandait l'Abruzze ultérieure.

Gaete était défendue par un vieux général suisse nommé Tchudy : il avait sous ses ordres quatre mille hommes; — comme moyen de défense, soixante et dix canons, douze mortiers, vingt mille fusils, des vivres pour un an, des vaisseaux dans le port, la mer et la terre à lui, enfin.

Le général Rey le somma de se rendre.

Vieillard, Tchudy venait d'épouser une jeune femme. Il eut peur pour elle, qui sait? peut-être pour lui. Au lieu de tenir, il assembla un conseil, consulta l'évêque, lequel mit en avant son ministère de paix, et réunit les magistrats de la ville, qui saisirent le prétexte d'épargner à Gaete les maux d'un siége.

Cependant on hésitait encore, quand le général français lança un obus sur la ville; cette démonstration hostile suffit pour que Tchudy envoyât une députation aux assiégeants afin de leur demander leurs conditions.

— La place à discrétion ou toutes les rigueurs de la guerre, répondit le général Rey.

Deux heures après, la place était rendue.

Duhesme, qui suivait, avec quinze cents hommes,

les bords de l'Adriatique, envoya au commandant de Pescara, nommé Pricard, un parlementaire pour le sommer de se rendre. Le commandant, comme s'il eût eu l'intention de s'ensevelir sous les ruines de la ville, fit visiter ses moyens de défense à l'officier français dans tous leurs détails, lui montrant les fortifications, les armes, les magasins abondant en munitions et en vivres, et le renvoya enfin à Duhesme avec ces paroles altières :

— Une forteresse ainsi approvisionnée ne se rend pas.

Ce qui n'empêcha point le commandant, au premier coup du canon, d'ouvrir ses portes et de remettre cette ville si, bien fortifiée au général Duhesme. Il y trouva soixante pièces de canon, quatre mortiers, dix-neuf cent soldats.

Quant à Civitella-del-Tronto, place déjà forte par sa situation, plus forte encore par des ouvrages d'art, elle était défendue par un Espagnol nommé Jean Lacombe, armée de dix pièces de gros calibre, fournie de munitions de guerre, riche de vivres. Elle pouvait tenir un an : elle tint un jour, et se rendit après deux heures de siége.

Il était donc temps, comme nous l'avons dit dans le chapitre précédent, que les chefs de bande se substituassent aux généraux et les brigands aux soldats.

Trois bandes, sous la direction de Pronio, s'étaient organisées avec la rapidité de l'éclair : celle qu'il commandait lui-même ; celle de Gaetano Mammone ; celle de Fra-Diavolo.

Ce fut Pronio qui le premier heurta les colonnes françaises.

Après s'être emparé de Pescara et y avoir laissé une garnison de quatre cents hommes, Duhesme prit la route de Chieti pour faire, comme l'ordre lui en avait été donné, sa jonction avec Championnet en avant de Capoue. En arrivant à Tocco, il entendit une vive fusillade du côté de Sulmona et fit hâter le pas à ses hommes.

En effet, une colonne française, commandée par le général Rusca, après être entrée sans défiance et tambour battant dans la ville de Sulmona, avait vu tout à coup pleuvoir sur elle de toutes les fenêtres une grêle de balles. Surprise de cette agression inattendue, elle avait eu un moment d'hésitation.

Pronio, embusqué dans l'église de San-Panfilo, en avait profité, était sorti de l'église avec une centaine d'hommes, avait chargé de front les Français, tandis que le feu redoublait des fenêtres. Malgré les efforts de Rusca, le désordre s'était mis dans les rangs de ses hommes, et il était sorti précipitamment de Sulmona, laissant dans les rues une douzaine de morts et de blessés.

Mais, à la vue des soldats de Pronio qui mutilaient les morts, à la vue des habitants de la ville qui achevaient les blessés, la rougeur de la honte était montée au visage, des républicains s'étaient reformés d'eux-mêmes, et, poussant des cris de vengeance, ils étaient rentrés dans Sulmona, répondant à la fois à la fusillade des fenêtres et à celle de la rue.

Cependant, cachés dans les embrasures des portes, embusqués dans les ruelles, Pronio et ses hommes faisaient un feu terrible, et peut-être les Français allaient-ils être obligés de reculer une seconde fois, lorsqu'on entendit une vive fusillade à l'autre extrémité de la ville.

C'étaient Duhesme et ses hommes qui étaient accourus au feu, avaient tourné Sulmona et tombaient sur les derrières de Pronio.

Pronio, un pistolet de chaque main, courut à son arrière-garde, la rallia, se trouva en face de Duhesme, déchargea un de ses pistolets sur lui et le blessa au bras. Un républicain s'élança le sabre levé sur Pronio; mais, de son second coup de pistolet, Pronio le tua, ramassa un fusil, et, à la tête de ses hommes, soutint la retraite en leur donnant en patois un ordre que les soldats français ne pouvaient entendre. Cet ordre, c'était de battre en retraite et de fuir par toutes les petites ruelles, afin de regagner la montagne. En un instant, la ville fut évacuée. Ceux qui occupaient les maisons s'enfuirent par les jardins. Les Français étaient maîtres de Sulmona; seulement, c'étaient, à leur tour, les brigands qui avaient lutté un contre dix. Ils avaient été vaincus; mais ils avaient fait éprouver des pertes cruelles aux républicains. Cette rencontre fut donc regardée à Naples comme un triomphe.

De son côté, Fra-Diavolo, avec une centaine d'hommes, avait, après la prise de Gaete, honteusement rendue, défendu vaillamment le pont de Garigliana, attaqué par l'aide de camp Gourdel et une cinquantaine de républicains, que le général Rey, ne soupçonnant pas l'organisation des bandes, avait envoyés pour s'en emparer. Les Français avaient été repoussés, et l'aide de camp Gourdel, un chef de bataillon, plusieurs officiers et soldats, restés blessés sur le champ de bataille, avaient été ramassés à demi morts, liés à des arbres et brûlés à petit feu, au milieu des huées de la population de Mignano, de Sessa et de Traetta, et des danses furibondes des femmes, toujours plus féroces que les hommes à ces sortes de fêtes.

Fra-Diavolo avait voulu d'abord s'opposer à ces

meurtres, aux agonies prolongées. Il avait, dans un sentiment de pitié, déchargé sur des blessés ses pistolets et sa carabine. Mais il avait vu, au froncement de sourcil de ses hommes, aux injures des femmes, qu'il risquait sa popularité à des actes de semblable pitié. Il s'était éloigné des bûchers où les républicains subissaient leur martyre, et avait voulu en éloigner Francesca; mais Francesca n'avait voulu rien perdre du spectacle. Elle lui avait échappé des mains, et, avec plus de frénésie que les autres femmes, elle dansait et hurlait.

Quant à Mammone, il se tenait à Capistrello, en avant de Sora, entre le lac Fucino et le Liri.

On lui annonça que l'on voyait venir de loin, descendant les sources du Liri, un officier portant l'uniforme français, conduit par un guide.

— Amenez-les-moi tous deux, dit Mammone.

Cinq minutes après, ils étaient tous deux devant lui.

Le guide avait trahi la confiance de l'officier, et, au lieu de le conduire au général Lemoine, auquel il était chargé de transmettre un ordre de Championnet, il l'avait conduit à Gaetano Mammone.

C'était un des aides de camp du général en chef, nommé Claie.

— Tu arrives bien, lui dit Mammone, j'avais soif.

On sait avec quelle liqueur Mammone avait l'habitude d'étancher sa soif.

Il fit dépouiller l'aide de camp de son habit, de son gilet, de sa cravate et de sa chemise, ordonna qu'on lui liât les mains et qu'on l'attachât à un arbre.

Puis il lui mit le doigt sur l'artère carotide pour bien reconnaître la place où elle battait, et, la place reconnue, il y enfonça son poignard.

L'aide de camp n'avait point parlé, point prié, point poussé une plainte : il savait aux mains de quel cannibale il était tombé, et, comme le gladiateur antique, il n'avait songé qu'à une chose, à bien mourir.

Frappé à mort, il ne jeta pas un cri ne laissa pas échapper un soupir.

Le sang jaillit de la blessure — par élans — comme il s'échappe d'une artère.

Mammone appliqua ses lèvres au cou de l'aide de camp, comme il les avait appliquées à la poitrine du duc Filomarino, et se gorgea voluptueusement de cette chair coulante qu'on appelle le sang.

Puis, lorsque sa soif fut éteinte, tandis que le prisonnier palpitait encore, il coupa les liens qui l'attachaient à l'arbre et demanda une scie.

La scie lui fut apportée.

Alors, pour boire désormais le sang dans un verre

assorti à la boisson, il lui scia le crâne au-dessus des sourcils et du cervelet, en vida le cerveau, lava cette terrible coupe avec le sang qui coulait encore de la blessure, réunit et noua au sommet de la tête les cheveux avec une corde, afin de pouvoir prendre le vase humain comme par un pied et fit couper par morceaux et jeter aux chiens le reste du corps.

Puis, comme ses espions lui annonçaient qu'un petit détachement de républicains, d'une trentaine ou d'une quarantaine d'hommes, s'avançait par la route de Tagliacozza, il ordonna de cacher les armes, de cueillir des fleurs et des branches d'olivier, de mettre les fleurs aux mains des femmes, les branches d'olivier aux mains des hommes et des garçons, et d'aller au-devant du détachement, en invitant l'officier qui les commandait à venir avec ses hommes prendre leur part de la fête que le village de Capistrello, composé de patriotes, leur donnait en signe de joie de leur bonne venue.

Les messagers partirent en chantant. Toutes les maisons du village s'ouvrirent; une grande table fut dressée sur la place de la Mairie : on y apporta du vin, du pain, des viandes, des jambons, du fromage.

Une autre fut dressée pour les officiers dans la salle de la mairie, dont les fenêtres donnaient sur la place.

A une lieue de la ville, les messagers avaient rencontré le petit détachement commandé par le capitaine Tremeau (1). Un guide interprète, traître, comme toujours, qui conduisait le détachement, expliqua au capitaine républicain ce que désiraient ces hommes, ces enfants et ces femmes qui venaient au-devant de lui, des fleurs et des branches d'olivier à la main. Plein de courage et de loyauté, le capitaine n'eut pas même l'idée d'une trahison. Il embrassa les jolies filles qui lui présentaient des fleurs; il ordonna à la vivandière de vider son baril d'eau-de-vie : on but à la santé du général Championnet, à la propagation de la république française, et l'on s'achemina bras dessus, bras dessous, vers le village, en chantant *la Marseillaise*.

Gaetano Mammone, avec tout le reste de la population, attendait le détachement français à la porte du village : une immense acclamation l'accueillit. On fraternisa de nouveau, et, au milieu des cris de joie, on s'achemina vers la mairie.

Là, nous l'avons dit, une table était dressée : on y mit autant de couverts qu'il y avait de soldats. Les

(1) On trouvera bon que, dans la partie historique, nous citons les noms réels, comme nous avons fait pour le colonel Gourdel, pour l'aide de camp Claie, et comme nous le faisons en ce moment pour le capitaine Tremeau. Ces noms prouvent que nous n'inventons rien, et ne faisons pas de l'horreur à plaisir.

quelques officiers dînaient, ou plutôt devaient dîner à l'intérieur avec le syndic, les adjoints et le corps municipal, représentés par Gaetano Mammone et les principaux brigands enrôlés sous ses ordres.

Les soldats, enchantés de l'accueil qui leur était fait, mirent leurs fusils en faisceaux à dix pas de la table préparée pour eux; les femmes leur enlevèrent leurs sabres, avec lesquels les enfants s'amusèrent à jouer aux soldats; puis ils s'assirent, les bouteilles furent débouchées et les verres emplis.

Le capitaine Tremeau, un lieutenant et deux sergents s'asseyaient en même temps dans la salle basse.

Les hommes de Mammone se glissèrent entre la table et les fusils, qu'en se mettant en route, le capitaine, pour plus de précaution, avait fait charger; les officiers furent espacés à la table intérieure, de manière à avoir entre chacun d'eux trois ou quatre brigands.

Le signal du massacre devait être donné par Mammone : il lèverait à l'une des fenêtres le crâne de l'aide de camp Claie, plein de vin, et porterait la santé du roi Ferdinand.

Tout se passa comme il avait été ordonné. Mammone s'approcha de la fenêtre, emplit de vin, sans être vu, le crâne encore sanglant du malheureux officier, le prit par les cheveux comme on prend une coupe par le pied, et, paraissant à la fenêtre du milieu, le leva en portant le toast convenu.

Aussitôt, la population tout entière y répondit par le cri :

— Mort aux Français !

Les brigands se précipitèrent sur les fusils en faisceaux ; ceux qui, sous prétexte de les servir, entouraient les Français, se retirèrent en arrière ; une fusillade éclata à bout portant, et les républicains tombèrent sous le feu de leurs propres armes. Ceux qui avaient échappé ou qui n'étaient que blessés furent égorgés par les femmes et par les enfants, qui s'étaient emparés de leurs sabres.

Quant aux officiers placés dans l'intérieur de la salle, ils voulurent s'élancer au secours de leurs soldats ; mais chacun d'eux fut maintenu par cinq ou six hommes, qui les retinrent à leurs places.

Mammone, triomphant, s'approcha d'eux, sa coupe sanglante à la main, et leur offrit la vie s'ils voulaient boire à la santé du roi Ferdinand dans le crâne de leur compatriote.

Tous quatre refusèrent avec horreur.

Alors, il fit apporter des clous et des marteaux, força les officiers d'étendre les mains sur la table et leur fit clouer les mains à la table.

Puis, par les fenêtres et par les portes, on jeta des fascines et des bottes de paille dans la chambre, et l'on referma portes et fenêtres après avoir mis le feu aux fascines et à la paille.

Cependant le supplice des républicains fut moins long et moins cruel que ne l'avait espéré leur bourreau. Un des sergents eut le courage d'arracher ses mains aux clous qui les retenaient, et, avec l'épée du capitaine Trémeau, il rendit à ses trois compagnons le terrible service de les poignarder, et il se poignarda lui-même après eux.

Les quatre héros moururent au cri de « Vive la République ! »

Ces nouvelles arrivèrent à Naples, où elle réjouirent le roi Ferdinand, qui, se voyant si bien secondé par ses fidèles sujets, résolut plus que jamais de ne pas quitter Naples.

Laissons Mammone, Fra-Diavolo et l'abbé Pronio suivre le cours de leurs exploits, et voyons ce qui se passait chez la reine, qui, plus que jamais était, au contraire, décidée à quitter la capitale.

LXX

LE SOUTERRAIN.

Caracciolo avait dit vrai. Il importait à la politique de l'Angleterre que, chassés de leur capitale de terre ferme, Ferdinand et Caroline se réfugiassent en Sicile, où ils n'avaient plus rien à attendre de leurs troupes ni de leurs sujets, mais seulement des vaisseaux et des marins anglais.

Voilà pourquoi Nelson, sir William et Emma Lyonna poussaient la reine à la fuite, que lui conseillaient énergiquement, d'ailleurs, ses craintes personnelles. La reine se savait tellement détestée, en effet, que, dans le cas où éclaterait un mouvement républicain, elle était sûre qu'autant son mari serait défendu de ce mouvement par le peuple, autant le peuple s'écarterait, au contraire, pour laisser approcher d'elle la prison et même la mort!

Le spectre de sa sœur Antoinette, tenant, par ses

cheveux blanchis en une nuit, sa tête à la main, était jour et nuit devant elle.

Or, dix jours après le retour du roi, c'est-à-dire le 18 décembre, la reine était en petit comité dans sa chambre à coucher avec Acton et Emma Lyonna.

Il était huit heures du soir. Un vent terrible battait de son aile effarée les fenêtres du palais royal, et l'on entendait le bruit de la mer qui venait se briser contre les tours aragonaises du Château-Neuf. Une seule lampe éclairait la chambre et concentrait sa lumière sur un plan du palais, où la reine et Acton paraissaient chercher avidement un détail qui leur échappait.

Dans un coin de la chambre, on pouvait distinguer, dans la pénombre, une silhouette immobile et muette, qui, avec l'impassibilité d'une statue, semblait attendre un ordre et se tenir prête à l'exécuter.

La reine fit un mouvement d'impatience.

— Ce passage secret existe cependant, dit-elle : j'en suis certaine, quoique, depuis longtemps, on ne l'utilise plus.

— Et Votre Majesté croit que ce passage secret lui est nécessaire ?

— Indispensable ! dit la reine. La tradition assure qu'il donnait sur le port militaire, et par ce passage seul nous pouvons, sans être vus, transporter, à bord des vaisseaux anglais, nos bijoux, notre or, les objets d'art précieux que nous voulons emporter avec nous. Si le peuple se doute de notre départ, et s'il nous voit transporter une seule malle à bord du *Van-Guard*, il s'en doutera, cela fera émeute, et il n'y aura plus moyen de partir. Il faut donc absolument retrouver ce passage.

Et la reine, à l'aide d'une loupe, se remit à chercher obstinément les traits de crayon qui pouvaient indiquer le souterrain dans lequel elle mettait tout son espoir.

Acton, voyant la préoccupation de la reine, releva la tête, chercha des yeux dans la chambre l'ombre que nous avons indiquée, et, l'ayant trouvée :

— Dick ! fit-il.

Le jeune homme tressaillit, comme s'il ne s'était pas attendu à être appelé, et comme si surtout la pensée chez lui, maîtresse souveraine du corps, l'avait emporté à mille lieues de l'endroit où il se trouvait matériellement.

— Monseigneur? répondit-il.

— Vous savez de quoi il est question, Dick ?

— Aucunement, monseigneur.

— Vous êtes cependant là depuis une heure à peu près, monsieur, dit la reine avec une certaine impatience.

— C'est vrai Votre Majesté.

— Vous avez dû alors entendre ce que nous avons dit et savoir ce que nous cherchons ?

— Monseigneur ne m'avait point dit, madame, qu'il me fût permis d'écouter. Je n'ai donc rien entendu.

— Sir John, dit la reine avec l'accent du doute, vous avez là un serviteur précieux.

— Aussi ai-je dit à Votre Majesté le cas que j'en faisais.

Puis, se tournant vers le jeune homme, que nous avons déjà vu obéir si intelligemment et si passivement aux ordres de son maître pendant la nuit de la chute et de l'évanouissement de Ferrari :

— Venez ici, Dick, lui dit-il.

— Me voici, monseigneur, dit le jeune homme en s'approchant.

— Vous êtes un peu architecte, je crois?

— J'ai, en effet, appris deux ans l'architecture.

— Eh bien, alors, voyez, cherchez; peut-être trouverez-vous ce que nous ne trouvons pas. Il doit exister dans les caves un souterrain, un passage secret, donnant de l'intérieur du palais sur le port militaire.

Acton s'écarta de la table et céda sa place à son secrétaire.

Celui-ci se pencha sur le plan ; puis, se relevant aussitôt :

— Inutile de chercher, je crois, dit-il.

— Pourquoi cela ?

— Si l'architecte du palais a pratiqué dans les fondations un passage secret, il se sera bien gardé de l'indiquer sur le plan.

— Pourquoi cela ? demanda la reine avec son impatience ordinaire.

— Mais, madame, parce que, du moment que le passage serait indiqué sur le plan, il ne serait plus un passage secret, puisqu'il serait connu de tous ceux qui connaîtraient le plan.

La reine se mit à rire.

— Savez-vous que c'est assez logique, général, ce que dit là votre secrétaire ?

— Si logique, que j'ai honte de ne pas l'avoir trouvé, répondit Acton.

— Eh bien, maintenant, monsieur Dick, dit Emma Lyonna, aidez-nous à retrouver ce souterrain. Ce souterrain une fois retrouvé, je me sens toute disposée, comme une héroïne d'Anne Radcliffe, à l'explorer et à venir rendre à la reine compte de mon exploration.

Richard, avant de répondre, regarda le général Acton comme pour lui en demander la permission.

— Parlez, Dick, parlez, lui dit le général : la reine le permet, et j'ai la plus grande confiance dans votre intelligence et dans votre discrétion.

Dick s'inclina imperceptiblement.

— Je crois, dit-il, qu'avant tout, il faudrait explorer toute la portion des fondations du palais qui donnent sur la darse. Si bien dissimulée que soit la porte, il est impossible que l'on n'en trouve point quelque trace.

— Alors, il faut attendre à demain, dit la reine, et c'est une nuit perdue.

Dick s'approcha de la fenêtre.

— Pourquoi cela, madame? dit-il. Le ciel est nuageux, mais la lune est dans son plein. Toutes les fois qu'elle passera entre deux nuages, elle donnera une clarté suffisante à ma recherche. Il me faudrait seulement le mot d'ordre, afin que je pusse circuler librement dans l'intérieur du port.

— Rien de plus simple, dit Acton. Nous allons aller ensemble chez le gouverneur du château : non-seulement il vous donnera le mot d'ordre, mais encore il fera prévenir les factionnaires de ne pas se préoccuper de vous, et de vous laisser faire tranquillement tout ce que vous avez à faire.

— Alors, général, comme l'a dit Sa Majesté, ne perdons pas de temps.

— Allez, général, allez, dit la reine. Et vous, monsieur, tachez de faire honneur à la bonne opinion que nous avons de vous.

— Je ferai de mon mieux, madame, dit le jeune homme.

Et, ayant salué respectueusement, il sortit derrière le capitaine général.

Au bout de dix minutes, Acton rentra seul.

— Eh bien? lui demanda la reine.

— Eh bien, répondit celui-ci, notre limier est en quête, et je serai bien étonnée s'il revient, comme dit Sa Majesté, après avoir fait buisson creux.

En effet, muni du mot d'ordre, recommandé par l'officier de garde aux sentinelles, Dick avait commencé sa recherche, et, dans un angle rentrant de la muraille, avait découvert une grille à barreaux croisés, couverte de rouille et de toiles d'araignée, devant laquelle, et sans y faire attention, tout le monde passait avec l'insouciance de l'habitude. Convaincu qu'il avait trouvé une des extrémités du passage secret, Dick ne s'était plus préoccupé que de découvrir l'autre.

Il rentra au château, s'informa quel était le plus vieux serviteur de toute cette domesticité grouillant dans les étages inférieurs, et il apprit que c'était le père du sommelier, qui, après avoir exercé cette charge pendant quarante ans, l'avait cédée à son fils depuis vingt. Le vieillard avait quatre-vingt-deux ans, et était entré en fonctions près de Charles III, qui l'avait amené avec lui d'Espagne l'année même de son avénement au trône.

Dick se fit conduire chez le sommelier.

Il trouva toute la famille à table. Elle se composait de douze personnes. Le vieillard était la tige, tout le reste des rameaux. Il y avait là deux fils, deux brus et sept enfants et petits-enfants.

Des deux fils, l'un était sommelier du roi, comme son père; l'autre, serrurier du château.

L'aïeul était un beau vieillard sec, droit, vigoureux encore et paraissant n'avoir rien perdu de son intelligence.

Dick entra, et, s'adressant à lui en espagnol :

— La reine vous demande, lui dit-il.

Le vieillard tressaillit : depuis le départ de Charles III, c'est-à-dire depuis quarante ans, personne ne lui avait parlé sa langue.

— La reine me demande? fit-il avec étonnement, en napolitain.

Tous les convives se levèrent de leurs siéges, comme poussés par un ressort.

— La reine vous demande, répéta Dick.

— Moi?

— Vous.

— Votre Excellence est sûre de ne pas se tromper ?

— J'en suis sûr ?

— Et quand cela ?

— A l'instant même.

— Mais je ne puis me présenter ainsi à Sa Majesté.

— Elle vous demande tel que vous êtes.

— Mais, Votre Excellence...

— La reine attend.

Le vieillard se leva, plus inquiet que flatté de l'invitation, et regarda ses fils avec une certaine inquiétude.

— Dites à votre fils le serrurier de ne point se coucher, continua Dick, toujours dans la même langue : la reine aura probablement besoin de lui ce soir.

Le vieillard transmit en napolitain l'ordre à son fils.

— Êtes-vous prêt ? demanda Dick.

— Je suis à Votre Excellence, répondit le vieillard.

Et, d'un pas presque aussi ferme, quoique plus pesant que celui de son guide, il monta l'escalier de service, par lequel jugea à propos de passer Dick, et traversa les corridors.

Les huissiers avaient vu sortir de la chambre de la reine le jeune homme avec le capitaine général : ils se levèrent pour annoncer son retour ; mais lui leur fit signe de ne pas se déranger, et alla heurter doucement à la porte de la reine.

— Entrez, dit la voix impérative de Caroline, qui se doutait que Dick seul avait la discrétion de ne pas se faire annoncer.

Acton s'élança pour ouvrir la porte ; mais il n'avait pas fait deux pas, que Dick, poussant cette porte devant lui, entrait, laissant le vieillard dans l'antichambre.

— Eh bien, monsieur, demanda la reine, qu'avez-vous trouvé ?

— Ce que Votre Majesté cherchait, je l'espère, du moins.

— Vous avez trouvé le souterrain ?

— J'ai trouvé une de ses portes, et j'espère amener à Votre majesté l'homme qui lui trouvera l'autre.

— L'homme qui trouvera l'autre ?

— L'ancien sommelier du roi Charles III, un vieillard de quatre-vingt-deux ans.

— L'avez-vous interrogé ?

— Je ne m'y suis pas cru autorisé, madame, et j'ai réservé ce soin à Votre Majesté.

— Où est cet homme ?

— Là, fit le secrétaire en indiquant la porte.

— Qu'il entre.

Dick alla à la porte.

— Entrez, dit-il.

Le vieillard entra.

— Ah! ah! c'est vous, Pacheco, dit la reine, qui le reconnut pour avoir été servie par lui, pendant quinze ou vingt ans. — Je ne savais pas que vous fussiez encore de ce monde. Je suis aise de vous voir vivant et bien portant.

Le vieillard s'inclina.

— Vous pouvez, justement à cause de votre grand âge, me rendre un service.

— Je suis à la disposition de Sa Majesté.

— Vous devez, du temps du feu roi Charles III, — Dieu ait son âme! — vous devez avoir eu connaissance ou entendu parler d'un passage secret donnant des caves du château sur la darse ou le port militaire?

Le vieillard porta la main à son front.

— En effet, dit-il, je me rappelle quelque chose comme cela.

— Cherchez, Pacheco, cherchez! nous avons besoin aujourd'hui de retrouver ce passage.

Le vieillard secoua la tête : la reine fit un mouvement d'impatience.

— Dame, on n'est plus jeune, fit Pacheco, à quatre-vingt-deux ans, la mémoire s'en va. M'est-il permis de consulter mes fils?

— Que sont-ils, vos fils? demanda la reine.

— L'aîné, Votre Majesté, qui a cinquante ans, m'a succcédé dans ma charge de sommelier; l'autre, qui en a quarante-huit, est serrurier.

— Serrurier, dites-vous?

— Oui, Votre Majesté, pour vous servir, s'il en était capable.

— Serrurier! Votre Majesté entend, dit Richard. Pour ouvrir la porte, on aura besoin d'un serrurier.

— C'est bien, dit la reine. Allez consulter vos fils, mais vos fils seulement, pas les femmes.

— Que Dieu soit toujours avec Votre Majesté, dit le vieillard en s'inclinant pour sortir.

— Suivez cet homme, monsieur Dick, fit la reine, et revenez le plus tôt posible me faire part du résultat de la conférence.

Dick salua et sortit derrière Pacheco.

Un quart d'heure après, il rentra.

— Le passage est trouvé, dit-il, et le serrurier se tient prêt à en ouvrir la porte sur l'ordre de Sa Majesté.

— Général, dit la reine, vous avez dans M. Richard un homme précieux et qu'un jour ou l'autre, je vous demanderai probablement.

— Ce jour-là, madame, répondit Acton, ses désirs

les plus chers et les miens seront comblés. Qu'ordonne, en attendant, Votre Majesté?

— Viens, dit la reine à Emma Lyonna : il y a des choses qu'il faut voir de ses propres yeux.

LXXI

LA LÉGENDE DU MONT CASSIN

Le même jour et à la même heure où la porte du passage secret s'ouvrait devant la reine, et où Emma Lyonna, selon la promesse qu'elle en avait faite, s'aventurait en *héroïne de roman* dans ce souterrain, précédée et éclairée par Richard, un jeune homme montait à cheval la rampe du mont Cassin, que, d'habitude, on ne monte qu'à pied ou à mulet.

Mais, soit qu'il eût toute confiance dans le pied de sa monture ou dans sa manière de la diriger, soit que, habitué au danger, le danger lui fût devenu indifférent, il était parti à cheval de San-Germano, et, malgré les observations qu'on avait pu lui faire sur son imprudence, déjà grande à la montée, mais qui serait plus grande encore à la descente, il avait pris le sentier pierreux qui conduit au couvent fondé par saint Benoît, et qui couronne la cime la plus élevée du monte Cassino.

Au-dessous de lui s'étendait la vallée, où se tord un instant, mais d'où s'échappe bientôt, pour se jeter à la mer, près de Gaete, le Garigliano, sur les bords duquel Gonzalve de Cordoue nous battit en 1503; et, par un retour étrange de fortune, il pouvait à mesure qu'il s'élevait, distinguer les bivacs de l'armée française, qui, après trois siècles, venait venger, en renversant la monarchie espagnole, la défaite de Bayard, presque aussi glorieuse pour lui qu'une victoire.

Tantôt à sa droite, tantôt à sa gauche, selon les zigzags que faisait le chemin, il avait la ville de San-Germano, surmontée de sa vieille forteresse en ruine, fondée sur l'antique Cassinum des Romains, et qui porta ce nom, ainsi que la ville qu'il dominait, jusqu'en 844, époque à laquelle Lothaire, premier roi d'Italie, s'étant établi dans le duché de Bénévent et dans la Calabre, après en avoir chassé les Sarrasins, fit présent à l'église du Sauveur d'un doigt de saint Germain, évêque de Capoue.

La précieuse relique donna le nom du saint à la ville italienne, et le reste du corps, envoyé en France au couvent des Bénédictins, qui s'élevait dans la forêt de Ledia, donna ce même nom à la ville française où naquirent Henri II, Charles IX et Louis XIV (1).

Le mont Cassin, que gravit en ce moment le voyageur imprudent et qui, comme on le voit, n'a pas changé de nom et s'est contenté d'italianiser celui de Cassinum, est la montagne sainte de la Terre de Labour. C'est là que se réfugient les grandes douleurs morales et les grandes infortunes politiques. Carloman, frère de Pépin le Bref, y repose dans son tombeau; Grégoire VII y fit halte avant d'aller mourir à Salerne; trois papes furent ses abbés : Étienne IX, Victor III et Léon X.

En 497, saint Benoît, né en 480, dégoûté par le spectacle de la corruption païenne à Rome, se retira à Sublaqueum, aujourd'hui Subiaco, où sa réputation de vertu lui attira de nombreux disciples et, à leur suite, la persécution. En 529, il quitta le pays, s'arrêta à Cassinum, et, voyant la colline qui domine la ville, il résolut, peut-être moins encore pour se rapprocher du ciel que pour s'élever au-dessus des vapeurs dont le Garigliano couvre la vallée, de fonder sur le point culminant de cette colline un monastère de son ordre.

(1) Saint-Germain en Laye : *Sanctus Germanus in Ledia.*

Maintenant, à défaut de l'histoire, qui nous manque, que l'on nous permette d'appeler à notre aide la légende.

Saint Benoît, qui s'appelait alors Benoît tout court, ne fut pas plus tôt parvenu au sommet de la colline prédestinée, qu'il s'aperçut de la difficulté qu'il allait éprouver à transporter à une pareille hauteur les matériaux nécessaires à son édifice.

Il pensa alors à se faire aider dans ce travail par Satan.

Satan l'avait souvent tenté, jamais saint Benoît ne s'était laissé vaincre; ce n'était pas assez de ne s'être point laissé vaincre par Satan pour lui donner des lois : il fallait l'avoir vaincu. Saint Antoine, sur ce point, avait fait autant que Dieu lui-même.

Il s'agissait de mettre le diable dans une position telle, qu'il n'eût rien à lui refuser.

Soit de sa propre imagination, soit par inspiration céleste, saint Benoît, un matin, crut avoir trouvé ce qu'il cherchait.

Il descendit à Cassinum, entra dans la boutique d'un brave serrurier, qu'il savait bon chrétien, l'ayant baptisé lui-même une semaine auparavant.

Il lui ordonna de lui faire une paire de pincettes.

Le serrurier lui en offrit une magnifique paire toute faite; mais saint Benoît la refusa.

Il voulait une paire de pincettes toute particulière, avec deux griffes là où les pincettes se réunissent. Il bénit l'eau dans laquelle le serrurier devait tremper son fer rouge, et lui recommanda par-dessus tout de ne jamais commencer ni finir son travail sans faire le signe de la croix.

— Voulez-vous que je les porte à Votre Excellence quand elles seront faites? demanda le serrurier.

Saint Benoît, en effet, en attendant que son monastère fût bâti, habitait la grotte qui, aujourd'hui encore, au sommet du mont Cassin, est en vénération chez les fidèles comme ayant été la demeure du saint.

— Non, lui répondit saint Benoît; je viendrai les chercher moi-même. Quand seront-elles faites?

— Après-demain, sur le midi.

— A après-demain, donc.

Le jour dit, à l'heure dite, saint Benoît entrait dans la forge du serrurier, et, dix minutes après, il en sortait, portant en mains les pincettes, mais les cachant avec soin sous son manteau.

Il y avait peu de nuits où, tandis que saint Benoît, dans sa grotte, lisait les Pères de l'Église, le diable n'entrât, soit par la porte, soit par la fenêtre et, de mille façons différentes, n'essayât de tenter le bienheureux.

Saint Benoît prépara un pacte ainsi conçu :

« Au nom du Seigneur tout-puissant, créateur du ciel et de la terre, et de Jésus-Christ, son fils unique :

» Moi, Satan, archange maudit pour ma rébellion, m'engage à aider de tout mon pouvoir son serviteur saint Benoît à bâtir le monastère qu'il veut élever au sommet du mont Cassinum, en y transportant les pierres, les colonnes, les poutres et en somme tous les matériaux nécessaires à la fabrique dudit couvent — obéissant exactement et sans ruse à tous les ordres que me donnera Benoît.

» Au nom du Père, du Fils et du Saint-Esprit. Ainsi soit-il ! »

Il posa le papier plié sur la table, avec la plume et l'encrier qui lui avaient servi.

Le même soir, il fit ses apprêts et attendit tranquillement.

Ces apprêts consistaient à mettre au feu l'extrémité des pincettes bénites, et à faire rougir cette extrémité, c'est-à-dire les pinces.

Mais on eût dit que Satan se doutait de quelque piége : il se fit attendre trois jours ou plutôt trois nuits.

La quatrième nuit, il vint enfin, profitant d'une tempête qui menaçait de mettre la création tout entière sens dessus dessous.

Malgré le fracas de la foudre, malgré la lueur des éclairs, saint Benoît faisait semblant de dormir; mais il dormait au coin de son feu, d'un œil seulement, et tenant les pincettes à portée de sa main.

Le saint simulait si bien le sommeil, que Satan s'y laissa prendre. Il s'avança sur la pointe des griffes et allongea le cou par-dessus l'épaule du saint.

C'était ce que demandait saint Benoît : il saisit les pincettes et lui prit adroitement le nez.

Si Satan eût eu affaire à des pincettes ordinaires, si rouges qu'elles eussent été, il en aurait ri, le feu étant son élément; mais c'étaient des pincettes forgées, on se le rappelle, sous l'invocation de la croix et trempées dans l'eau bénite.

Satan, se sentant pris, commença de sauter à droite et à gauche, et à souffler le feu enflammé au visage de saint Benoît, à le menacer et à allonger les ongles de son côté. Mais saint Benoît était garanti par la longueur des pincettes, et plus Satan bondissait, plus il crachait feu et flammes, plus il menaçait saint Benoît, plus celui-ci serrait les pincettes d'une main et faisait le signe de la croix de l'autre.

Satan vit qu'il avait affaire à plus fort que lui, que Dieu était l'allié du saint, et il demanda à capituler.

— Soit, dit saint Benoît, je ne demande pas mieux.

Lis le parchemin qui est sur la table et signe-le.

— Comment veux-tu, demanda Satan, que je lise avec une paire de pincettes entre les deux yeux?

Lis d'un œil.

Il fallut faire ce qu'exigeait le saint anachorète, et, en louchant horriblement, Satan lut le parchemin.

Une fois Satan pris, il est bon diable et se montre, en général, assez accommodant : le tout est de le prendre.

Le parchemin lu, il dit :

— Comment veux-tu que je signe? Je ne sais point écrire.

— Eh bien, alors, fais ta croix, répondit le saint.

A ces mots : « Fais ta croix, » Satan fit un tel bond, que, sans le crochet que le saint avait eu la précaution de faire faire à l'extrémité des pincettes, il tirait son nez de l'étau où il était serré.

— Allons, dit Satan, je crois que le plus court est de signer.

Et il prit la plume.

— Maintenant, dit le saint, il s'agit de faire les choses régulièrement. Commençons par la date et le millésime de l'année. Et surtout, ajouta le saint, écrivons lisiblement, afin qu'il n'y ait pas d'ambiguïtés.

Satan écrivit d'une belle écriture bâtarde : 24 *juillet de l'an* 529.

— C'est fait, dit-il.

— Point de paresse, répliqua le saint. Ajoutons : *De Notre-Seigneur Jésus-Christ.*

Il allait signer ; mais saint Benoît l'arrêta.

— Un instant, un instant, dit-il : approuvons l'écriture.

Satan fut forcé d'écrire, en soupirant, mais enfin il écrivit : « Approuvé l'écriture ci-dessus. »

— Et maintenant, signe, dit le saint.

Satan eut bien voulu chercher quelque nouvelle noise ; mais le saint serra les pincettes plus fort qu'il ne les avait encore serrées, et Satan, pour en finir, se hâta d'écrire son nom.

Le saint s'assura que, des cinq lettres du nom, aucune n'était absente, que le parafe y était ; il ordonna à Satan de plier le parchemin en quatre et posa son rosaire dessus.

Puis il ouvrit les pincettes.

D'un seul bond, Satan s'élança hors de la grotte.

Pendant trois jours, une horrible tempête désola les Abruzzes et se fit sentir jusqu'à Naples. Le Vésuve, le Stromboli et l'Etna jetèrent des flammes. Mais, comme cette tempête venait de Satan et non du Seigneur, le Seigneur ne permit point qu'au cune personne ni aucune créature vivante y périt.

La tempête à peine calmée, saint Benoît envoya chercher un architecte. Le saint, quoique non canonisé encore, était déjà tellement vénéré dans le pays, que, dès le lendemain, un architecte accourut.

Saint Benoît lui expliqua ce qu'il désirait, et lui montra l'emplacement sur lequel il voulait bâtir un couvent.

C'était, nous l'avons déjà dit, le point culminant de la montagne.

On y arrivait, à cette époque, par un étroit sentier frayé par les chèvres.

Quelque respect qu'il eût pour le saint, l'architecte ne put s'empêcher de rire.

Saint Benoît lui demanda la raison de son hilarité.

— Et par qui ferez-vous monter les matériaux jusqu'ici? demanda l'architecte.

— Cela me regarde, répondit saint Benoît.

Saint Benoît ayant beaucoup voyagé, l'architecte crut qu'il avait recueilli dans ses voyages d'Orient quelques moyens dynamiques connus des seuls Égyptiens, qui étaient, comme on sait, les plus forts mécaniciens de l'antiquité; et, le saint anachorète ne lui demandant point autre chose qu'un dessin, il le lui fit sur-le-champ.

Le lendemain, son pacte en main, saint Benoît appela Satan.

Satan accourut; saint Benoît eut peine à le reconnaître : la colère lui avait donné la jaunisse, et il avait le nez rouge comme un charbon ardent.

En général, lorsque Satan a pris un engagement quelconque, il le remplit très-fidèlement : c'est une justice à lui rendre.

Le saint lui donna la liste des matériaux de toute espèce dont il avait besoin. Satan appela une vingtaine de ses diables les plus alertes, qui à l'instant même se mirent à la besogne.

Le lieu choisi par le saint était voisin d'un bois et d'un temple consacré à Apollon; le saint commanda, avant tout, à Satan d'incendier la forêt.

Satan frotta son nez à un arbre résineux, et l'arbre, s'enflammant à l'instant, communiqua sa flamme à toute la forêt.

Après cela, il lui ordonna de faire disparaître du paysage le temple païen, moins quelques colonnes très-belles qu'il réservait pour l'église de son monastère.

Satan prit les colonnes une à une sur son épaule, et, de peur qu'il ne leur arrivât malheur, il les transporta lui-même à l'endroit indiqué par le saint; puis il souffla sur ce qui restait du temple, et le temple disparut.

En même temps, armé d'un marteau, saint Benoît mettait en pièces la statue du dieu.

Grâce à la coopération de Satan, le monastère fut promptement bâti. Et, si l'on doutait de la part que le diable eut dans cette œuvre, nous renverrions les incrédules aux fresques de Giordano, son chef-d'œuvre peut-être, parce qu'il l'exécuta à son retour d'Espagne, c'est-à-dire à l'apogée de son talent, et qui représentent le roi des enfers et ses principaux ministres occupés, bien à contre-cœur, à bâtir le monastère de saint Benoît.

Le premier monastère, bâti par cette miraculeuse puissance que saint Benoît avait prise sur le démon, était dans toute sa splendeur, et saint Benoît, vieux de soixante ans, dans toute sa renommée, lorsque, Totila, roi des Goths, qui avait beaucoup entendu parler du saint fondateur, eut l'idée de le visiter. Mais, les Goths n'étant pas encore chrétiens, c'était la curiosité et non la foi qui guidait Totila vers le mont Cassinum. Il résolut donc de s'assurer par lui-même si celui auquel il rendait visite était assez avant dans la grâce de Dieu pour voir clair à travers un déguisement. Il prit les habits d'un de ses valets nommé Riga, lui fit revêtir les siens, et monta au monastère, perdu dans la foule, espérant ainsi induire saint Benoît en erreur.

Instruit de la visite du roi, saint Benoît alla au-devant de lui, et, voyant de loin Riga qui marchait en tête du cortége, revêtu du manteau royal et la couronne en tête, il lui cria :

— Mon fils, quitte cet habit, qui n'est pas le tien.

A cette apostrophe, qui prouvait que l'esprit de Dieu était avec son serviteur, Riga, plein de repentir et d'humilité, tomba à genoux, et tous les autres, même le roi, l'imitèrent.

Saint Benoît, sans s'arrêter à aucun autre, alla droit à Totila et le releva; puis, lui ayant reproché ses mœurs dissolues, il l'exhorta à devenir meilleur, lui prédit qu'il prendrait Rome, régnerait neuf années encore après l'avoir prise, et mourrait.

Totila se retira tout contrit, en promettant de s'amender.

Vers le même temps, c'est-à-dire le 12 février 543, sainte Scholastique, sœur jumelle de saint Benoît, mourut. Le saint, qui était en prière dans son oratoire, entendit un soupir, leva les mains au ciel, et, le toit s'étant ouvert, il vit passer une colombe qui montait au ciel.

— C'est l'âme de ma sœur, dit-il joyeusement. Grâces soient rendues au Seigneur !

Puis il appela ses religieux, leur annonça l'heureuse nouvelle, et tous allèrent, en chantant et tenant à la main, en signe de joie, des rameaux verts et des fleurs, tous allèrent prendre le corps, d'où l'âme en effet était sortie, et l'ensevelirent dans la tombe déjà préparée pour la sainte et pour son frère.

L'année suivante — d'autres chroniqueurs disent la même année — le 21 mars, saint Benoît lui-même passa doucement de cette vie à l'autre, et, chargé d'ans, riche de renommée, resplendissant de miracles, alla s'asseoir à la droite du Seigneur.

Son corps fut couché près du corps de sainte Scholastique, dans le même tombeau.

Saint Benoît était né à Norcia, dans l'Ombrie; il était de la noble famille des Guardati. Sa mère, renommée par son amour céleste et sa charité, fut sanctifiée avec lui et sa sœur, sous le nom de sainte Abondance.

Les mères et les sœurs de tous ces grands saints de la décadence de Rome et du moyen âge, dont Dante fut l'Homère, sont presque toutes saintes aussi, et, appuyées sur leurs fils et leurs frères, ces femmes, compagnes de leur vie, ont part au culte qui leur est rendu.

Ainsi, près de saint Augustin apparaît sainte Monique, et sainte Marcelline près de saint Ambroise.

Le monastère bâti par saint Benoît fut, en 884, — Satan ayant sans doute repris le dessus, — brûlé par ses alliés les Sarrasins. Il avait déjà été saccagé par les Lombards en 589, et devint, du temps des Normands, une véritable forteresse. Les abbés, qui avaient déjà le titre d'évêque, prirent celui de premier baron du royaume, qu'ils portent encore aujourd'hui.

Les tremblements de terre succédèrent aux barbares et arrachèrent le monastère à ses fondements, une première fois en 1349, et une seconde fois en 1649. Urbain V, Guillaume de Grimoard, élu à Avignon, mais qui ramena la papauté à Rome, pontife pieux et lettré, érudit et artiste, ami de Pétrarque, et que la tiare alla chercher dans un couvent de bénédictins, contribua fort à rebâtir le saint monastère.

On sait tous les services rendus en France à l'histoire par les laborieux disciples de saint Benoît. Au mont Cassin, les ouvrages des plus grands écrivains de l'antiquité furent conservés par eux.

Au IXe siècle, l'abbé Desiderio, de la maison des ducs de Capoue, faisait copier par ses religieux Horace, Térence, les *Fastes* d'Ovide de les *Idylles* de Théocrite. Il faisait, en outre, venir de Constantinople des artistes mosaïstes, qu'il faut compter au nombre de ceux qui restaurèrent l'art en Italie.

La route qui serpente aux flancs de la montagne sur laquelle est bâti le monastère fut construite par les soins de l'abbé Ruggi. Elle est pavée de grandes dalles d'inégale grandeur, comme celles des voies antiques, dalles que l'on retrouve sur la via Appia, que les Romains nommaient la reine des routes, et qui passe à deux lieues de là.

C'était le sentier que suivait le cavalier qui a donné lieu à cette digression archéologique. Enveloppé dans un grand manteau, il s'inquiétait peu de la violence du vent, qui, soufflant par rafales, s'apaisait tout à coup pour laisser tomber de larges ondées qu'accompagnaient, quoique l'on fût au mois de décembre, des tonnerres et des éclairs pareils à ceux de la nuit où Satan s'aventura si malencontreusement dans la grotte de saint Benoît. Puis, cette pluie tombée, le vent soufflait de nouveau, faisant rouler des masses de nuages si rapprochés de la terre, que le cavalier disparaissait au milieu d'eux pour reparaître dans une éclaircie, et cela sans que pluie, tonnerres, éclairs ou nuages parussent avoir prise sur lui et lui eussent fait, depuis le moment de son départ, hâter ou ralentir l'allure de son cheval.

Arrivé, au bout de trois quarts d'heure de marche, au sommet de la montagne, il disparut une dernière fois, non pas dans les nuages, mais dans la grotte que la tradition veut avoir été la demeure de saint Benoît, et, en reparaissant, se trouva en face du gigantesque couvent, qui, se découpant sur un ciel marbré de gris et de noir, se dressait devant lui avec l'imposante majesté des choses immobiles.

LXXII

LE FRÈRE JOSEPH.

Les couvents des provinces méridionales de l'Italie, et particulièrement ceux de la Terre de Labour, des Abruzzes et de la Basilicate, à quelque ordre qu'ils appartiennent et si pacifique que soit cet ordre, après avoir été, au moyen âge, des citadelles élevées contre les invasions barbares, sont restés, de nos jours, des forteresses contre des invasions qui ne le cèdent en rien en barbarie aux invasions du moyen âge : nous voulons parler des brigands. Dans ces édifices qui revêtent à la fois le caractère religieux et guerrier, on n'arrive que par des espèces de ponts que l'on lève, que par des herses que l'on baisse, que par des échelles que l'on tire. Aussi, la nuit venue, c'est-à-dire à huit heures du soir, à peu près, les portes des monastères ne s'ouvrent plus que devant des recommandations puissantes ou sur un ordre de l'abbé.

Si calme qu'il se montrât en apparence, le jeune homme n'était point sans être préoccupé de l'idée de trouver le couvent du mont Cassin fermé. Mais, n'ayant qu'une nuit à lui pour la visite qu'il comptait y faire et ne pouvant pas renvoyer cette visite au lendemain, il s'était mis en route à tout hasard. Arrivé à San-Germano à sept heures et demie du soir avec le corps d'armée du général Championnet, il s'était informé, sans descendre de cheval, si l'on ne connaissait point, parmi les bénédictins de la montagne sainte, un certain frère Joseph, tout à la fois chirurgien et médecin du couvent, et, à l'instant même, il lui avait été répondu par un concert de bénédictions et de louanges. Frère Joseph était, à dix lieues à la ronde, admiré comme un praticien de la plus grande habileté et vénéré comme un homme de la plus haute philanthropie. Quoiqu'il n'appartînt à l'ordre que par l'habit, puisqu'il n'avait point fait de vœux et était simple frère servant, nul d'un cœur plus chrétien ne se dévouait aux douleurs physiques et morales de l'humanité. Nous disons morales, parce que ce qui manque aux prêtres surtout, pour accomplir leur mission fraternelle et consolatrice, c'est que, n'ayant jamais été père ni mari, n'ayant jamais perdu une épouse chérie ni un enfant bien-aimé, ils ne savent point la langue terrestre qu'il faut parler aux orphelins du cœur. Dans un vers sublime, Virgile fait dire à Didon que l'on compatit facilement aux maux qu'on a soufferts. Eh bien, c'est surtout dans cette sympathique compassion que Dieu a mis l'adoucissement des douleurs morales. Pleurer avec celui qui souffre, c'est le consoler. Or, les prêtres, qui ont des paroles pour toutes les souffrances, ont rarement, si terrible qu'elle soit, des larmes pour la douleur.

Il n'en était point ainsi du frère Joseph, dont, au reste, on ignorait complétement la vie passée, et qui, un jour, était venu au couvent y demander l'hospitalité en échange de l'exercice de son art.

La proposition du frère Joseph avait été acceptée, l'hospitalité lui avait été accordée, et, alors, non-seulement sa science, mais son cœur, son âme, toute sa personne s'étaient livrés à ses nouveaux concitoyens. Pas une douleur physique et morale à laquelle il ne fût prêt, jour et nuit, à apporter la consolation ou le soulagement. Pour les douleurs morales, il avait des paroles prises au plus profond des entrailles. On eût dit qu'il avait été lui-même en proie à toutes ces douleurs qu'il consolait par le baume souverain des pleurs que Dieu nous a donné contre des angoisses qui deviendraient mortelles sans lui, comme il nous a donné l'antidote contre le poison. Pour les douleurs physiques, il semblait non moins privilégié de la nature qu'il ne l'était de la Providence pour les douleurs morales. S'il ne guérissait pas toujours le mal, du moins arrivait-il presque toujours à endormir la souffrance. Le règne minéral et le règne végétal semblaient, pour arriver à ce but du soulagement de la souffrance matérielle, lui avoir confié leurs secrets les plus cachés. S'agissait-il, au lieu de ces longues et terribles maladies qui détruisent peu à peu un organe, et, par sa destruction, mènent lentement à la mort, — s'agissait-il d'un de ces accidents qui attaquent brusquement, inopinément la vie dans ses sources, c'était là surtout que frère Joseph devenait l'opérateur merveilleux. Le bistouri, instrument d'ablation dans les mains des autres, devenait dans les siennes un instrument de conservation. Pour le plus pauvre comme pour le plus riche blessé, toutes ces précautions que la science moderne a inventées dans le but d'adoucir l'introduction du fer dans la plaie, il les avait devinées et les appliquait. Soit imagination du patient, soit habileté de l'opérateur, le malade le voyait toujours arriver avec joie, et, lorsque, près de son lit d'angoisses, frère Joseph développait cette trousse terrible aux instruments inconnus, au lieu d'un sentiment d'effroi, c'était toujours un rayon d'espérance qui s'éveillait chez le pauvre malade.

Au reste, les paysans de la Terre de Labour et des Abruzzes, qui connaissaient tous le frère Joseph, le désignaient par un mot qui exprimait à merveille leur ignorante reconnaissance pour sa double influence physique et morale; ils l'appelaient *le Charmeur*.

Et, le jour et la nuit, sans jamais se plaindre d'être dérangé dans ses études ou d'être réveillé dans son sommeil, au milieu des neiges de l'hiver, des ardeurs de l'été, frère Joseph, sans une plainte, sans un mouvement d'impatience, le sourire sur les lèvres, quittait son fauteuil ou son lit, demandant au messager de la douleur : « Où faut-il aller? » et il y allait.

Voilà l'homme que venait chercher le jeune républicain; car, à son manteau bleu, à son chapeau à trois cornes orné de la cocarde tricolore, et qui coiffait sa belle tête calme et martiale à la fois, il était facile, ne fût-on pas entré au milieu de l'état-major du général en chef, de reconnaître dans le voyageur nocturne un officier de l'armée française.

Mais, à son grand étonnement, au lieu de trouver,

comme il s'y attendait, les portes du couvent fermées et son intérieur silencieux, il trouva ces portes ouvertes, et la cloche, cette âme des monastères, qui se plaignait lugubrement.

Il mit pied à terre, attacha son cheval à un anneau de fer, le couvrit de son manteau avec ce soin presque fraternel que le cavalier a pour sa monture, lui recommanda le calme et la patience comme il eût fait à une personne raisonnable, franchit le seuil, s'engagea dans le cloître, suivit un long corridor, et, guidé par une lumière et des chants lointains, il parvint jusqu'à l'église.

Là, un spectacle lugubre l'attendait.

Au milieu du chœur, une bière, couverte d'un drap blanc et noir, était posée sur une estrade ; autour du chœur, dans les stalles, les moines priaient ; des milliers de cierges brûlaient sur l'autel et autour du cénotaphe ; et, de temps en temps, la cloche, lentement ébranlée, jetait dans l'air sa plainte douloureuse et vibrante.

C'était la mort qui était entrée au couvent et qui, en entrant, avait laissé la porte ouverte.

Le jeune officier arriva jusqu'au chœur sans que le retentissement de ses éperons eût fait tourner une seule tête. Il interrogea des yeux tous ces visages les uns après les autres, et avec une angoisse croissante ;

car, parmi ceux qui priaient autour du cercueil, il ne reconnaissait point celui qu'il venait chercher. Enfin, la sueur au front, le tremblement dans la voix, il s'approcha de l'un de ces moines qui, pareils aux sénateurs romains, immobiles sur leurs chaises curules, semblaient avoir, en esprit du moins, quitté la terre pour suivre le trépassé dans le monde inconnu, et lui demanda, en lui touchant l'épaule du doigt :

— Mon père, qui est mort ?

— Notre saint abbé, répondit le moine.

Le jeune homme respira.

Puis, comme s'il eût eu besoin de quelques minutes pour vaincre cette émotion qu'il savait si bien étouffer dans sa poitrine, qu'elle ne transparaissait jamais sur son visage, après un instant de silence pendant lequel ses yeux reconnaissants se levèrent au ciel :

— Frère Joseph, demanda-t-il, serait-il absent ou malade, que je ne le vois point avec vous ?

— Frère Joseph n'est ni absent ni malade : il est dans sa cellule, où il veille et travaille, ce qui est encore prier.

Puis le moine, appelant un novice :

— Conduisez cet étranger, dit-il, à la cellule du frère Joseph.

Et, sans avoir détourné la tête, sans avoir regardé ni l'un ni l'autre de ceux à qui il avait adressé la parole, le moine reprit sa psalmodie et rentra dans son isolement. Quant à son immobilité, elle n'avait point été un moment interrompue.

Le novice fit signe à l'officier de le suivre. Tous deux s'engagèrent dans le corridor, au milieu duquel le novice prit un escalier d'une architecture imposante, rendue plus imposante encore par la faible et tremblante lumière du cierge que l'enfant tenait à la main et qui rendait tous les objets incertains et mobiles. Il montèrent ensemble quatre étages de cellules ; puis enfin, au quatrième étage, l'enfant prit à gauche, et marcha jusqu'à l'extrémité du corridor, et, montrant une porte à l'étranger :

— Voici la cellule du frère Joseph, dit-il.

Pendant que l'enfant s'approchait pour la désigner, le jeune homme, sur cette porte, put lire ces mots :

« Dans le silence, Dieu parle au cœur de l'homme ;

» Dans la solitude, l'homme parle au cœur de Dieu »

— Merci, répondit-il à l'enfant.

L'enfant s'éloigna sans ajouter un mot, déjà atteint de cette impassibilité du cloître par lequel les moines croient témoigner de leur détachement des choses humaines en ne témoignant que de leur indifférence pour l'humanité.

Le jeune homme resta immobile devant la porte, la main appuyée sur son cœur, comme pour en comprimer les battements, et regardant s'éloigner l'enfant et diminuer le point lumineux que faisait sa marche dans les épaisses ténèbres de l'immense corridor.

L'enfant rencontra l'escalier, s'y engouffra lentement, sans avoir une seule fois détourné la tête du côté de celui qu'il avait conduit. Le reflet de son cierge joua encore un instant sur les murailles, pâlissant de plus en plus, et, enfin, disparut tout à fait, — tandis que l'on put, pendant quelques secondes encore, percevoir, mais s'affaiblissant toujours, le bruit de son pas traînant sur les dalles de l'escalier.

Le jeune homme, vivement impressionné par tous ces détails de la vie automatique des couvents, frappa enfin à la porte.

— Entrez, dit une voix sonore et qui le fit tressaillir par sa vivace accentuation, faisant contraste avec tout ce qu'il venait de voir et d'entendre.

Il ouvrit la porte et se trouva en face d'un homme de cinquante ans à peu près, qui en paraissait quarante à peine. Une seule ride, celle de la pensée, sillonnait son front; mais pas un fil d'argent ne brillait, messager de la vieillesse, au milieu de son abondante chevelure noire, où l'on cherchait en vain la trace de la tonsure. La main droite appuyée sur une tête de mort, il tournait, de la gauche, les feuillets d'un livre qu'il lisait avec attention. Une lampe à abat-jour éclairait ce tableau en l'isolant dans un cercle de lumière; le reste de la chambre était dans la demi-teinte.

Le jeune homme s'avança les bras ouverts; le lecteur leva la tête, regardant avec étonnement son élégant uniforme qui lui paraissait inconnu; mais à peine celui qui le portait fut-il dans le cercle de lumière projeté par la lampe, que ces deux cris s'échappèrent à la fois de la bouche des deux hommes :

— Salvato!

— Mon père!

C'étaient, en effet, le père et le fils qui, après dix ans de séparation, se revoyaient; et, se revoyant, se précipitaient dans les bras l'un de l'autre.

Nos lecteurs avaient probablement déjà reconnu Salvato dans le voyageur nocturne; mais peut-être n'avaient-ils pas reconnu son père dans le frère Joseph.

LXXIII

LE PÈRE ET LE FILS.

La joie de ce père, privé depuis dix ans de toutes les joies de la famille, et qui, en revoyant son fils, sentait en même temps se réveiller en lui les fibres les plus douces et les plus violentes de l'amour paternel, sembla parcourir la gamme entière des sensations humaines, et, dans son expression, qui avait à la fois quelque chose de charmant par sa douceur et de terrible par sa violence, toucher d'un côté à la plainte de la colombe, de l'autre au rugissement du lion.

Il ne courut point au-devant de son fils, il bondit sur lui ; il ne lui suffit pas de le baiser sur les joues, il le saisit entre ses bras, il l'enleva comme il eût fait d'un enfant, le serrant contre son cœur, sanglotant et riant tout ensemble, et paraissant chercher un endroit où l'emporter pour toujours, hors du monde, loin de la terre, près des cieux.

Enfin, il se jeta sur un escabeau de bois de chêne, le tenant en travers de sa poitrine, comme la Madone de Michel-Ange tient sur ses genoux son fils crucifié, tandis que sa voix haletante ne savait que dire et redire :

— Comment ! c'est toi, mon fils, mon Salvato, mon enfant ! c'est toi ! c'est donc toi !

— O mon père ! mon père ! répondait le jeune homme haletant lui-même, je vous aime, je vous le jure, autant qu'un fils peut aimer ; mais j'ai presque honte de la faiblesse de cet amour en le comparant à la grandeur du vôtre !

— Non, non, n'aie pas de honte, mon enfant, répondait Palmieri : la féconde nature, l'Isis aux cent mamelles, le veut ainsi : amour immense, incommensurable, infini dans le cœur des pères, amour restreint dans celui des enfants. Elle regarde devant elle, cette bonne, toujours logique et intelligente nature ; elle a voulu que l'enfant pût se consoler de la mort du père, qui doit quitter ce monde avant lui, mais que le père fût inconsolable, au contraire, lorsque, par malheur, il voit mourir l'enfant destiné à lui survivre. Regarde-moi, Salvato, et que nos dix ans de séparation s'effacent dans ton regard !

Le jeune homme fixa ses grands yeux noirs, un

peu sauvages, sur son père, en donnant à son austère visage la plus douce expression qu'il put lui donner.

— Oui, dit Palmieri en regardant Salvato avec un singulier mélange d'amour et d'orgueil, oui, j'ai fait de toi un chêne robuste et vigoureux, et non pas un élégant palmier, roseau des tropiques. J'aurais donc tort de me plaindre aujourd'hui en voyant ce bois solide recouvert d'une rude écorce. Je voulais que tu devinsses un homme et un soldat, et tu es devenu ce que je voulais que tu fusses. Laisse-moi baiser tes épaulettes de chef de brigade : elles prouvent ton courage. Tu as eu la force de m'obéir lorsqu'en te quittant, je t'ai dit : « Ne m'écris que si tu as besoin de mon amour et de mes soins. » Car je crains les affaiblissements terrestres, et j'ai espéré un instant que, touché de mes aspirations, Dieu se révélerait à mon esprit ; car, si mon cœur veut croire (plains-moi, mon enfant !) l'esprit s'obstine à douter. Mais tu n'as pas eu la force de passer près de moi, n'est-ce pas ? sans me voir, sans m'embrasser, sans me dire : « Mon père, il te reste de par le monde un cœur qui t'aime, et ce cœur est celui de ton fils ! » Merci, mon bien-aimé Salvato, merci !

— Non, mon père, non, je n'ai point hésité ; car une voix intérieure me disait que je vous apportais une joie attendue par vous depuis longtemps. Et cependant, une fois en chemin, le doute m'a pris. C'était au bas de cette montagne que nous nous étions séparés, il y a dix ans, moi pour me perdre dans le monde, vous pour vous retrouver avec Dieu. Je suis venu au pas de mon cheval, sans le ralentir, sans le hâter ; mais j'ai senti combien je vous aimais, lorsque, ayant franchi le seuil de l'église, parvenu à l'entrée du chœur, j'ai, au milieu de toutes ces têtes inclinées sur le cercueil de l'abbé, cherché vainement la vôtre. Un instant, cette idée m'est venue que c'était vous, mon père bien-aimé, qui étiez couché sous le drap mortuaire. Moi-même, je n'ai point reconnu le son de ma voix quand j'ai demandé où vous étiez. Un mot m'a rassuré, un enfant m'a conduit. En face de votre porte, le doute m'a repris. Je tremblais de vous retrouver pétrifié comme ces statues murmurantes que j'avais vues dans la nef, et qui semblaient ne pas plus appartenir à l'humanité que celle de Memnon, car rendre des sons, ce n'est pas vivre ; mais, pour me rassurer, il ne m'a fallu que ce mot : « Entrez, » prononcé par vous. Mon père, mon père, grâce à Dieu, vous êtes le seul vivant parmi tous ces morts !

— Hélas ! mon cher Salvato, répondit Palmieri, c'était cependant ce trépas factice que je cherchais en me retirant dans un monastère. Le couvent a cela de bon, qu'en général, il combat victorieusement le suicide. Après une grande douleur, après une perte irréparable, se retirer dans un couvent, c'est se brûler moralement la cervelle, c'est tuer son corps sans toucher à l'âme, au dire de l'Église ; et voilà où le doute commence pour moi, parce que le précepte se trouve en opposition avec la nature. Au dire de l'Église, dépouiller l'homme, c'est tendre à la perfection, — tandis qu'une voix secrète me crie que plus l'homme est homme, et, par conséquent, se répand, par la science, par la charité, par le génie, par l'art, par la bonté, sur l'humanité tout entière, meilleur est l'homme. Celui qui, dans cette pieuse retraite, aperçoit le moins de bruits terrestres, disent nos frères, est celui qui, étant le plus loin de la terre, est le plus près de Dieu. J'ai voulu plier mon corps et mon esprit à cette maxime, et, vivant encore, me faire cadavre ; mon esprit et mon corps ont réagi et m'ont dit, au contraire : « La perfection, si elle existe, est dans la route opposée. Vis dans la solitude, mais pour doubler, au profit de l'humanité, le trésor de science que tu as acquis ; vis dans la méditation, mais que ta méditation soit féconde et non pas stérile ; fais de ta douleur un baume composé de philosophie, de charité et de larmes, pour l'appliquer sur les douleurs des autres. » N'est-il pas dit dans l'*Iliade* que la rouille de la lance d'Achille guérissait les blessures que cette lance avait faites. Il est vrai que la pauvre humanité m'a bien secondé en venant à moi quand j'hésitais à aller à elle, et en appelant à son secours la parole de vie, au lieu de la parole de mort. Alors, j'ai suivi la vocation qui m'entraînait. A tous ceux qui ont crié vers moi, j'ai répondu : « Me voilà ! » Je ne suis pas devenu plus parfait ; mais, à coup sûr, je suis devenu plus utile. Et, chose étrange, en m'écartant des principes vulgaires, en écoutant cette voix de ma conscience qui me disait : « Tu as, dans le cours de ton existence, coûté la vie à trois personnes ; au lieu de faire pénitence, au lieu de jeûner, au lieu de prier, — ce qui ne peut être utile qu'à toi, en supposant que la prière, le jeûne et la pénitence expient le sang répandu, — soulage le plus de douleurs qu'il te sera possible, prolonge le plus d'existences que tu pourras, et, crois-moi, les actions de grâce de ceux dont tu auras prolongé la vie et calmé les angoisses étoufferont l'accusation des misérables que tu as envoyés avant le temps rendre compte de leurs crimes au souverain juge. »

— Continuez votre vie de charité et de dévouement : vous êtes dans le vrai, mon père... Ces hommes qui vous entourent, j'ai entendu parler d'eux et de vous : on les craint et on les respecte; mais, vous, on vous aime et l'on vous bénit.

— Et cependant ils sont plus heureux que moi, au point de vue religieux du moins. Ils se courbent sous la croyance; moi, je me débats contre le doute. Pourquoi Dieu a-t-il mis dans son paradis l'arbre maudit de la science? Pourquoi, pour arriver à la foi, pourquoi faut-il toujours abdiquer une partie, la plus saine, la meilleure souvent, de sa raison, tandis que la science, implacable, nous défend non-seulement de rien affirmer, mais encore de rien croire sans preuves?

— Je comprends, mon père. Vous êtes homme honnête, sans espérer une rétribution; vous êtes homme de bien, sans espérer une récompense. Vous ne croyez pas, enfin, à une autre vie que la nôtre.

— Et toi, crois-tu? demanda Palmieri.

Salvato sourit.

— A mon âge, dit-il, on s'occupe peu de ces graves questions de la vie et de la mort, quoique, dans l'état que j'exerce, je sois toujours entre la vie et la mort, et souvent plus près de la mort que les vieillards qui, les genoux débiles et les cheveux blancs, frappent à la porte du *campo-santo*.

Puis, après un instant de silence :

— Moi aussi, ajouta Salvato, dernièrement, j'ai

frappé à cette porte; mais, si je n'attendais pas la réponse à la demande que j'adressais à la tombe avec certitude, je l'attendais du moins avec espérance. Pourquoi ne faites-vous pas comme moi, mon père? Pourquoi donc essayer, comme Hamlet, de sonder la nuit du sépulcre et de chercher quels rêves s'agiteront dans notre cerveau pendant le sommeil éternel? Pourquoi, ayant bien vécu, craignez-vous de mal mourir?

— Je ne crains pas de mal mourir, mon enfant : je crains de mourir entier. Je suis de ceux qui ne savent point enseigner ce qu'ils ne croient pas. Mon art n'est point si infaillible, qu'il sache éternellement lutter contre la mort. Hercule seul peut être sûr de la vaincre toujours. Or, quand, dans le pressentiment de sa fin prochaine, un malade me dit : « Vous ne pouvez plus rien pour moi comme médecin; essayez de me consoler, ne sachant point me guérir, » au lieu de profiter de l'affaiblissement de son esprit pour faire naître en lui une croyance qui n'est point en moi, je me tais alors, afin de ne point donner à un mourant une affirmation sans preuve, un espoir sans certitude. Je ne conteste pas l'existence d'un monde surnaturel; je me contente, et c'est bien assez, de n'y pas croire. Or, n'y croyant pas, je ne puis le promettre à ceux qui le cherchent dans les ténèbres de l'agonie. Craignant de ne plus revoir, une fois que mes yeux seront fermés pour toujours, ni la femme que j'ai aimée, ni le fils que j'aime, je ne puis dire au mari : « Tu reverras ta femme, » au père : « Tu reverras ton enfant. »

— Mais, vous le savez, moi, j'ai revu ma mère.

— Pas toi, mon enfant. Une femme du peuple, une intelligence grossière, un esprit frappé de terreur, a dit : « Il y avait là, près du lit de l'enfant, une ombre qui berçait son fils en chantant; et moi, jeune encore alors, ami du merveilleux, j'ai dit : « Oui, cela peut être ; » j'ai cru même que cela avait été. Mais c'est en vieillissant — tu sauras cela, Salvato, — c'est en vieillissant que le doute vient, parce que l'on se rapproche de plus en plus de la terrible et inévitable réalité. Que de fois, dans cette cellule, seul avec cette dévorante pensée du néant qui, à un certain âge, entre dans la vie pour n'en plus sortir, et qui, spectre invisible mais palpable, marche côte à côte avec nous, — que de fois, en face de ce crucifix, me suis-je agenouillé à ce souvenir, légende poétique de ton enfance, et, à l'heure où la tradition veut que les fantômes apparaissent, plongé dans la plus profonde obscurité, n'ai-je pas supplié Dieu de renouveler en ma faveur le miracle qu'il avait fait pour toi? Jamais Dieu n'a daigné répondre. Je sais qu'il ne doit pas de manifestation de sa puissance et de sa volonté à un atome comme moi; mais enfin il eût été bon, clément, miséricordieux à lui de m'exaucer : il ne l'a point fait.

— Il le fera, mon père.

— Non : ce serait un miracle, et les miracles ne sont pas dans l'ordre logique de la nature. Que sommes-nous, d'ailleurs, pour que Dieu se donne la peine, dans son immuable éternité, de changer la marche imposée par lui à la création? que sommes-nous pour lui? Une imperceptible efflorescence de la matière, sur laquelle, depuis des milliers de siècles, s'exerce un phénomène complexe, inexplicable, fugitif, appelé la vie. Ce phénomène s'étend, dans la végétation, du lichen au cèdre; dans l'animalisation, de l'infusoire au mastodonte. Le chef-d'œuvre de la végétation, c'est la sensitive; le chef-d'œuvre de l'animalisation, c'est l'homme. Qui fait la supériorité de l'animal à deux pieds et sans plumes de Platon sur les autres animaux? Un hasard. Son chiffre dans l'échelle des êtres créés s'est trouvé le plus élevé : ce chiffre lui donnait droit à une portion de son individu plus complète que dans ses frères inférieurs. Qu'est-ce que les Homère, les Pindare, les

Eschyle, les Socrate, les Périclès, les Phidias, les Démosthène, les César, les Virgile, les Justinien, les Charlemagne? Des cerveaux un peu mieux organisés que celui de l'éléphant, un peu plus parfaits que celui du singe. Quel est le signe de cette perfection? La substitution de la raison à l'instinct. La preuve de cette organisation supérieure? La faculté de parler, au lieu d'aboyer ou de rugir. Mais, que la mort arrive, qu'elle éteigne la parole, qu'elle détruise la raison, que le crâne de celui qui fut Charlemagne, Justinien, Virgile, César, Démosthène, Phidias, Périclès, Socrate, Eschyle, Pindare ou Homère, comme celui d'Yorik se remplisse de *belle et bonne fange*, tout sera dit : la farce de la vie sera jouée, et la chandelle éteinte dans la lanterne ne se rallumera plus! Tu as vu souvent l'arc-en-ciel, mon enfant. C'est une arche immense, s'étendant d'un horizon à l'autre et montant jusque dans les nuées, mais dont les deux extrémités touchent à la terre : ces deux extrémités, c'est l'enfant et le vieillard. Étudie l'enfant, et tu verras, au fur et à mesure que son cerveau se développe, se perfectionne, mûrit, la pensée, c'est-à-dire l'âme, se développer, se perfectionner, mûrir; étudie le vieillard, et tu verras, au contraire, au fur et à mesure que le cerveau se fatigue, se rapetisse, s'atrophie, la pensée, c'est-à-dire l'âme, se troubler, s'obscurcir, s'éteindre. Née avec nous, elle a suivi la féconde croissance de la jeunesse; devant mourir avec nous, elle suivra la vieillesse dans sa stérile décadence. Où était l'homme avant de naître? Nul ne le sait. Qu'était-il? Rien. Que sera-t-il, n'étant plus? Rien, c'est-à-dire ce qu'il était avant de naître. Nous devons revivre sous une autre forme, dit l'espérance; passer dans un monde meilleur, dit l'orgueil. Que m'importe, à moi, si, pendant le voyage, j'ai perdu la mémoire, si j'ai oublié que j'ai vécu, et si la même nuit qui s'étendait en deçà du berceau doit s'étendre au delà de la tombe? Le jour où l'homme gardera le souvenir de ses métamorphoses et de ses pérégrinations, il sera immortel, et la mort ne sera plus qu'un accident de son immortalité. Pythagore, seul, se souvenait d'une vie antérieure. Qu'est-ce qu'un thaumaturge qui se souvient devant un monde entier qui oublie?... Mais, fit Palmieri en secouant la tête, assez sur cette désolante question. C'est la solitude qui enfante ces rêves mauvais. Je t'ai dit ma vie; dis-moi la tienne. A ton âge, *la vie* s'écrit avec des lettres d'or. Jette un rayon de ton aurore et de tes espérances au milieu de mon crépuscule et de mes doutes; parle, mon bien-aimé Salvato! et fais-moi oublier jusqu'au son de ma voix, jusqu'au bruit de mes paroles.

Le jeune homme obéit. Il avait, de son côté, toute

l'aube d'une existence à raconter à son père. Il lui dit ses combats, ses triomphes, ses dangers, ses amours. Palmieri sourit et pleura tour à tour. Il voulut voir la blessure, ausculter la poitrine ; et, le père ne se lassant pas d'interroger, le fils ne se lassant point de répondre, ils virent ainsi venir le jour, et, avec le jour, monter jusqu'à eux le roulement du tambour et les fanfares des trompettes, leur annonçant qu'il était temps de se quitter.

Mais alors Palmieri voulut se séparer de son fils le plus tard possible, et, comme il avait fait dix ans auparavant, il reconduisit jusqu'aux premières maisons de San-Germano le cavalier, appuyé à son bras et tenant son cheval par la bride.

XII

LA RÉPONSE DE L'EMPEREUR.

Cependant le temps marchait avec son impassible régularité, et, quoique harcelée de tous côtés par les bandes de Pronio, de Gaetano Mammone et de Fra-Diavolo, l'armée française suivait, aussi impassible que le temps, sa triple route à travers les Abruzzes, la Terre de Labour et cette partie de la Campanie dont la mer Tyrrhénienne baigne le rivage. On était averti à Naples de tous les mouvements des républicains, et l'on y avait su, dès le 20, que le corps principal, c'est-à-dire celui qui était commandé par le général Championnet en personne, avait campé le 18 au soir à San-Germano et s'avançait sur Capoue par Mignano et Calvi.

Le 20, à huit heures du matin, le prince de Maliterno et le duc de Rocca-Romana, chacun à la tête d'un régiment de volontaires recrutés parmi la jeunesse noble ou riche de Naples et de ses environs, étaient venus prendre congé de la reine et étaient partis pour marcher au-devant des républicains.

Plus le danger approchait, plus se séparaient en deux camps opposés le parti du roi et celui de la reine.

Le parti du roi se composait du cardinal Ruffo, de l'amiral Caracciolo, du ministre de la guerre Ariola, et de tous ceux qui, tenant à l'honneur du nom napolitain, voulaient la résistance à tout prix et la défense de Naples poussée à la dernière extrémité.

Le parti de la reine, se composant de sir Villiam,

d'Emma Lyonna, de Nelson, d'Acton, de Castelcicala, de Vanni et de Guidobaldi, voulait l'abandon de Naples, la fuite prompte et sans lutte comme sans délai.

Puis, au milieu de tout cela, un grand trouble agitait l'esprit de la reine ; elle craignait d'un moment à l'autre le retour de Ferrari. Le roi, se voyant insolemment trompé, sachant enfin à qui il devait s'en prendre de tous les désastres qui accablaient le royaume, pouvait, comme les natures faibles, puiser dans sa terreur même un moment d'énergie et de volonté... et, pendant ce moment, échapper pour toujours à cette pression qu'opéraient sur lui depuis vingt ans un ministre qu'il n'avait jamais aimé et une épouse qu'il n'aimait plus. Tant qu'elle avait été jeune et belle, Caroline avait eu à sa disposition un moyen infaillible de ramener le roi à elle, et elle en avait usé ; mais elle commençait, comme dit Shakspeare, à descendre la vallée de la vie, et le roi, entouré de jeunes et jolies femmes, échappait facilement à ses fascinations.

Dans la soirée du 20, il y eut conseil d'État : le roi se prononça ouvertement et fermement pour la défense.

Le conseil fut clos à minuit.

De minuit à une heure, la reine resta dans la

chambre obscure, et elle ramena chez elle Pasquale de Simone, lequel reçut des instructions secrètes de la bouche d'Acton, qui l'attendait chez la reine. A une heure et demie, Dick partit pour Bénévent, où, depuis deux jours déjà, avait été envoyé, par un palefrenier de confiance, un des chevaux les plus vites des écuries d'Acton.

La journée du 21 s'ouvrit par un de ces ouragans qui, à Naples, durent habituellement trois jours, et qui ont donné lieu à ce proverbe : *Nasce, pasce, mori ;* il naît, se repaît et meurt.

Malgré les alternatives de pluie tombant par ondées, de vent soufflant par rafales, le peuple, qui avait ce vague sentiment d'une grande catastrophe, encombrait, plein d'émotion, les rues, les places, les carrefours.

Mais ce qui indiquait quelque circonstance extraordinaire, c'est que ce n'était point dans les vieux quartiers que le peuple se pressait ; et, quand nous disons le peuple, nous disons cette multitude de mariniers, de pêcheurs et de lazzaroni qui tient lieu de peuple à Naples. On remarquait, au contraire, des groupes nombreux et animés, parlant haut, gesticulant avec rage, dispersés de la strada del Molo à la place du Palais, c'est-à-dire sur toute l'étendue du largo del Castello, du théâtre de San-Carlo et de la rue de Chiaïa. Ces groupes semblaient, tout en enveloppant le palais royal, veiller sur la rue de Tolède et la strada del Piliero. Enfin, au milieu de ces groupes, trois hommes, fatalement connus déjà dans les émeutes précédentes, parlaient plus haut et s'agitaient plus ardemment. Ces trois hommes, c'étaient Pasquale de Simone, le beccaïo, rendu hideux par la cicatrice qui lui balafrait le visage et lui fendait l'œil, et fra Pacifico, qui, sans être dans le secret, sans savoir de quoi il était question, lâchant la bride à son caractère violent et tapageur, frappait de son bâton de laurier, tantôt le pavé, tantôt la muraille, tantôt le pauvre Jacobino, bouc émissaire des passions du terrible franciscain.

Toute cette foule, sans savoir ce qu'elle attendait, semblait attendre quelqu'un ou quelque chose; et le roi, qui n'en savait pas plus qu'elle, mais que ce rassemblement inquiétait, caché derrière la jalousie d'une fenêtre de l'entre-sol, regardait, tout en caressant machinalement Jupiter, cette foule qui faisait de temps en temps, comme un roulement de tonnerre ou un rugissement de l'eau, entendre le double cri de « Vive le roi ! » et de « Mort aux jacobins ! »

La reine, qui s'était informée où était le roi, se tenait dans la pièce à côté avec Acton, prête à agir selon les circonstances, tandis qu'Emma, dans l'appartement de la reine, emballait avec la San-Marco les papiers les plus secrets et les bijoux les plus précieux de sa royale amie.

Vers onze heures, un jeune homme déboucha, au grand galop d'un cheval anglais, par le pont de la Madeleine, suivit la Marinella, la strada Nuova, la rue du Pilier, le largo Castello, la rue Saint-Charles, échangea des signes avec Pasquale de Simone et le beccaïo, s'engouffra par la grande porte dans les cours du palais royal, sauta sur les dalles, jeta la bride de son cheval aux mains d'un palefrenier, et, comme s'il eût su d'avance où retrouver la reine, entra dans le cabinet où elle attendait avec Acton, et dont, comme par enchantement, la porte, à son approche, s'ouvrit devant lui.

— Eh bien ? demandèrent ensemble la reine et Acton.

— Il me suit, dit-il.

— Dans combien de temps, à peu près, sera-t-il ici ?

— Dans une demi-heure.

— Ceux qui l'attendent sont-ils prévenus ?

— Oui.

— Eh bien, allez chez moi, et dites à lady Hamilton de prévenir Nelson.

Le jeune homme monta par les escaliers de service

avec une rapidité qui indiquait combien lui étaient familiers tous les détours du palais, et transmit à Emma Lyonna les désirs de la reine.

— Avez-vous un homme sûr pour porter un billet à milord Nelson ?

— Moi, répondit le jeune homme.

— Vous savez qu'il n'y a pas de temps à perdre.

— Je m'en doute.

— Alors...

Elle prit une plume, de l'encre, une feuille de papier sur le secrétaire de la reine et écrivit cette seule ligne :

« Ce sera probablement pour ce soir; tenez-vous prêt.

» EMMA. »

Le jeune homme, avec la même promptitude qu'il avait mise à monter les escaliers, les descendit, traversa les cours, prit la pente qui conduit au port militaire, se jeta dans une barque, et, malgré le vent et la pluie, se fit conduire au *Van-Guard,* qui, ses mâts de perroquet abattus, pour donner moins de prise à la tempête, se tenait à cinq ou six encablures du port militaire, affourché sur ses ancres, environné des autres bâtiments anglais et portugais placés sous les ordres de l'amiral Nelson.

Le jeune homme, qui — nos lecteurs l'ont deviné — n'était autre que Richard, se fit reconnaître de l'amiral, monta lestement l'escalier de tribord, trouva Nelson dans sa cabine et lui remit le billet.

— Les ordres de Sa Majesté vont être exécutés, dit Nelson ; et, pour que vous en rendiez bon témoignage, vous-même en serez porteur.

— Henry, dit Nelson à son capitaine de pavillon, faites armer le canot et que l'on se tienne prêt à conduire monsieur à bord de *l'Alcmène.*

Puis, mettant le billet d'Emma dans sa poitrine, il écrivit à son tour :

« *Très-secret* (1).

» Trois barques et le petit cutter de *l'Alcmène*, armés d'armes blanches seulement, pour se trouver à la Vittoria à sept heures et demie précises.

» Une seule barque accostera ; les autres se tiendront à une certaine distance, les rames dressées. La barque qui accostera sera celle du *Van-Guard*.

» Toutes les barques seront réunies à bord de *l'Alcmène* avant sept heures, sous les ordres du commandant Hope.

---

(1) Inutile de dire que l'auteur a entre les mains tous les autographes de ces billets.

» *Les grappins dans les chaloupes.*

» Toutes les autres chaloupes du *Van-Guard* et de *l'Alcmène*, armées de couteaux, et les canots avec leurs caronades seront réunis à bord du *Van-Guard*, sous le commandement du capitaine Hardi, qui s'en éloignera à huit heures précises pour prendre la mer à moitié chemin du Molosiglio.

» Chaque chaloupe devra porter de quatre à six soldats.

» Dans le cas où l'on aurait besoin de secours, faire des signaux au moyen de feux.

» Horace Nelson.

» *L'Alcmène* se tiendra prête à filer dans la nuit, si la chose est nécessaire. »

Pendant que ces ordres étaient reçus avec un respect égal à la ponctualité avec laquelle ils devaient être exécutés, un second courrier débouchait à son tour du pont de la Madeleine, et, suivant la route du premier, s'engageait sur le quai de la Marinella, longeait la strada Nuova et arrivait à la strada del Piliero.

Là, il commença de trouver la foule plus épaisse, et, malgré son costume, dans lequel il était facile de reconnaître un courrier du cabinet du roi, il éprouva de la difficulté à continuer son chemin, en conservant à son cheval la même allure. D'ailleurs, comme s'ils l'eussent fait exprès, des hommes du peuple se faisaient heurter par son cheval, et, mécontents du heurt, commençaient à l'injurier. Ferrari, car c'était lui, habitué à voir respecter son uniforme, répondit d'abord par quelques coups de fouet solidement sanglés à droite et à gauche. Les lazzaroni s'écartèrent et se turent par habitude. Mais, comme il arrivait à l'angle du théâtre Saint-Charles, un homme voulut croiser le cheval, et le croisa si maladroitement, qu'il fut renversé par lui.

— Mes amis, cria-t-il en tombant, ce n'est pas un courrier du roi, comme son costume pourrait vous le faire croire. C'est un jacobin déguisé qui se sauve ! A mort le jacobin ! à mort !

Les cris « Le jacobin ! le jacobin ! à mort le jacobin ! » retentirent alors dans la foule.

Pasquale de Simone lança au cheval son couteau, qui entra jusqu'au manche au défaut de l'épaule.

Le beccaïo se précipita à la tête, et, habitué à saigner les brebis et les moutons, il lui ouvrit l'artère du cou.

Le cheval se dressa, hennit de douleur, battit l'air de ses pieds de devant, tandis qu'un flot de sang jaillissait sur les assistants.

La vue du sang a une influence magique sur les

peuples méridionaux. A peine les lazzaroni se sentirent-ils arrosés par la rouge et tiède liqueur, à peine respirèrent-ils l'âcre parfum qu'elle répand, qu'ils se ruèrent avec des cris féroces sur l'homme et sur le cheval.

Ferrari sentit que, si son cheval s'abattait, il était perdu. Il le soutint tant qu'il put de la bride et des jambes ; mais le malheureux animal était blessé mortellement. Il se jeta, en trébuchant, à gauche et à droite, puis il butta des jambes de devant, se releva par un effort désespéré de son maître, et fit un bond en avant. Ferrari sentit que sa monture pliait sous lui. Il n'était qu'à cinquante pas du corps de garde du palais : il appela au secours ; mais le bruit de sa voix se perdit dans les cris, cent fois répétés, « A mort le jacobin ! » Il saisit un pistolet dans ses fontes, espérant que la détonation serait mieux entendue que ses cris. En ce moment, son cheval s'abattit. La secousse fit partir le pistolet au hasard, et la balle alla frapper un jeune garçon de huit ou dix ans, qui tomba.

— Il assassine les enfants ! cria une voix.

A ce cri, fra Pacifico, qui s'était, jusque-là, tenu assez tranquille, se rua dans la foule, qu'il écarta de ses coudes aigus et durs comme des coins de chêne. Il pénétra jusqu'au centre de la mêlée au moment où, tombé avec son cheval, le malheureux Ferrari essayait de se remettre sur ses pieds. Avant qu'il y fût parvenu, la massue du moine s'abattait sur sa tête ; il tomba comme un bœuf frappé du maillet. Mais ce n'était point cela qu'on voulait : c'était sous les yeux du roi que Ferrari devait mourir. Les cinq ou six sbires qui étaient dans le secret du drame, entourèrent le corps et le défendirent, tandis que le beccaïo, le traînant par les pieds, criait :

— Place au jacobin !

On laissa le cadavre du cheval où il était, mais après l'avoir dépouillé, et l'on suivit le beccaïo. Au bout de vingt pas, on se trouva en face de la fenêtre du roi. Voulant savoir la cause de cet effroyable tumulte, le roi ouvrit la jalousie. A sa vue, les cris se changèrent en vociférations. En entendant ces hurlements, le roi crut qu'effectivement c'était quelque jacobin dont on faisait justice. Il ne détestait point cette manière de le débarrasser de ces ennemis. Il salua le peuple, le sourire sur les lèvres ; le peuple, se sentant encouragé, voulu montrer à son roi qu'il était digne de lui. Il souleva le malheureux Ferrari, sanglant, déchiré, mutilé, mais vivant encore, entre ses bras; le cadavre venait de reprendre connaissance : il ouvrit les yeux, reconnut le roi, étendit les bras vers lui en criant :

— A l'aide ! au secours ! Sire, c'est moi ! moi, votre Ferrari !

A cette vue inattendue, terrible, inexplicable, le roi se rejeta en arrière et alla dans les profondeurs de la chambre tomber à moitié évanoui sur un fauteuil, — tandis qu'au contraire, Jupiter, qui, n'étant ni homme ni roi, n'avait aucune raison d'être ingrat, jeta un hurlement de douleur, et, les yeux sanglants, l'écume à la bouche, sautant par la fenêtre, s'élança au secours de son ami.

Dans ce moment, la porte de la chambre s'ouvrit : la reine entra, saisit le roi par la main, le força de se lever, le traîna vers la fenêtre, et, lui montrant ce peuple de cannibales qui se partageait les morceaux de Ferrari :

— Sire, dit-elle, vous voyez les hommes sur lesquels vous comptez pour la défense de Naples et pour la nôtre ; aujourd'hui, ils égorgent vos serviteurs ; demain, ils égorgeront nos enfants ; après-demain, ils nous égorgeront nous-mêmes. Persistez-vous toujours dans votre désir de rester ?

— Faites tout préparer ! s'écria le roi : ce soir, je pars...

Et, croyant toujours voir l'égorgement du malheureux Ferrai, croyant toujours entendre sa voix mourante qui appelait au secours, il s'enfuit la tête dans les mains, fermant les yeux, bouchant ses oreilles et se réfugiant dans celle des chambres de ses appartements qui était la plus éloignée de la rue.

Lorsqu'il en sortit, deux heures après, la première chose qu'il vit, fut Jupiter couché tout sanglant sur un morceau de drap qui paraissait, par des restes de fourrure et des fragments de brandebourgs, avoir appartenu au malheureux courrier

Le roi s'agenouilla près de Jupiter, s'assura que son favori n'avait aucune blessure grave, et, désirant savoir sur quoi le fidèle et courageux animal était couché, il tira de dessous lui, malgré ses gémissements, un fragment de la veste de Ferrari que le chien avait disputé et arraché à ses bourreaux.

Par un hasard providentiel, ce morceau était celui où se trouvait la poche de cuir destinée à renfermer les dépêches ; le roi ouvrit le bouton qui la fermait et trouva intact le pli impérial que le courrier rapportait en réponse à sa lettre.

Le roi rendit à Jupiter le lambeau de vêtement, sur lequel celui-ci se recoucha en poussant un hurlement lugubre ; puis il rentra dans sa chambre, s'y enferma, décacheta la lettre impériale et lut :

« A mon très-cher frère et aimé cousin, oncle, beau-père, allié et confédéré.

» Je n'ai jamais écrit la lettre que vous m'envoyez

par votre courrier Ferrari, et qui est falsifiée d'un bout à l'autre.

» Celle que j'ai eu l'honneur d'écrire à Votre Majesté était tout entière de ma main, et, au lieu de l'exciter à entrer en campagne, l'invitait à ne rien tenter avant le mois d'avril prochain, époque seulement où je compte voir arriver nos bons et fidèles alliés les Russes.

» Si les coupables sont de ceux que la justice de Votre Majesté peut atteindre, je ne lui cache point que j'aimerais à les voir punir comme ils le méritent.

» J'ai l'honneur d'être avec respect, de Votre Majesté, le très-cher frère, amé cousin, neveu, gendre, allié et confédéré.

» FRANÇOIS. »

La reine et Acton venaient de commettre un crime inutile.

Nous nous trompons : ce crime avait son utilité, puisqu'il déterminait Ferdinand à quitter Naples et à se réfugier en Sicile!

LXXV

LA FUITE.

A partir de ce moment, la fuite, comme nous l'avons dit, fut résolue et fixée au soir même, 21 décembre.

Il fut convenu que le roi, la reine, toute la famille royale, — moins le prince héréditaire, sa femme et sa fille, — sir William, Emma Lyonna, Acton et les plus familiers du palais passeraient en Sicile sur le *Van-Guard*.

Le roi, on se le rappelle, avait promis à Caracciolo que, s'il quittait Naples, ce ne serait que sur son bâtiment ; mais, retombé par la terreur sous le joug de la reine, le roi oublia sa promesse devant deux raisons.

La première, qui venait de lui-même, était la honte qu'il éprouvait en face de l'amiral de quitter Naples, après avoir promis d'y rester.

La seconde, qui venait de la reine, était que Caracciolo, partageant les principes patriotiques de toute la noblesse napolitaine, pourrait, au lieu de conduire le roi en Sicile, le livrer aux jacobins, qui, maîtres d'un pareil otage, le forceraient alors à établir le gouvernement qu'ils voudraient, où, pis encore, lui feraient peut-être son procès, comme les Anglais avaient fait à Charles Ier, et les Français à Louis XVI.

Comme consolation et dédommagement de l'honneur qui lui était enlevé, on décida que l'amiral aurait celui de transporter ensuite le duc de Calabre, sa famille et sa maison.

On prévint les vieilles princesses de France de la résolution prise, les invitant à pourvoir, à l'aide de leurs sept gardes du corps, comme elles l'entendraient, à leur sûreté, et on leur envoya quinze mille ducats pour les aider dans leur fuite.

Ce devoir rempli, on ne s'occupa plus autrement d'elles.

Toute la journée, on descendit et l'on entassa dans le passage secret les bijoux, l'argent, les meubles précieux, les œuvres d'art, les statues que l'on voulait emporter en Sicile. Le roi eût bien voulu y transporter ses kangourous; mais c'était chose impossible. Il se contenta, par une lettre de sa main, de les recommander au jardinier en chef de Caserte.

Le roi, qui avait sur le cœur la trahison de la

reine et d'Acton, dont la lettre de l'empereur lui donnait la preuve, resta enfermé dans ses appartements et refusa d'y recevoir qui que ce fût. La consigne fut sévèrement tenue à l'égard de François Caracciolo, qui, ayant, de son bâtiment, vu des allées et venues et des signaux à bord des navires anglais, se doutait de quelque chose, et à l'égard du marquis Vanni, qui, ayant trouvé la porte de la reine fermée, et sachant par le prince de Castelcicala qu'il était question de départ, venait, en désespoir de cause, heurter à celle du roi.

Celui-ci eut, un instant, l'idée de faire venir le cardinal Ruffo et de se le donner pour compagnon et pour conseiller pendant le voyage; mais il ne lui avait point été difficile de surprendre des signes de mésintelligence entre lui et Nelson. D'ailleurs, on le sait, le cardinal était détesté de la reine, et Ferdinand préféra, comme toujours, son repos aux délicatesses de l'amitié et de la reconnaissance.

Et puis il se dit que, habile comme il l'était, le cardinal se tirerait parfaitement d'affaire tout seul.

L'embarquement fut arrêté pour dix heures du soir. Il fut, en conséquence, convenu qu'à dix heures toutes les personnes qui devaient être, en compagnie de Leurs Majestés, embarquées sur le *Van-*

Guard, se rassembleraient dans l'appartement de la reine.

A dix heures sonnantes, le roi entrait, tenant son chien en laisse; c'était le seul ami sur lequel il comptât comme fidélité, et le seul, par conséquent, qu'il emmenât avec lui.

Il avait bien pensé à Ascoli et à Malaspina; mais il avait pensé aussi que, comme le cardinal, ils se tireraient d'affaire tout seuls.

Il jeta les yeux dans l'immense salon éclairé à peine, — on avait craint qu'une trop grande illumination ne donnât des soupçons de départ, — et il vit tous les fugitifs réunis ou plutôt dispersés en différents groupes.

Le groupe principal se composait de la reine, de son fils bien-aimé, le prince Léopold, du jeune prince Albert, des quatre princesses et d'Emma Lyonna.

La reine était assise sur un canapé près d'Emma Lyonna, qui tenait sur ses genoux le prince Albert, son favori, tandis que le prince Léopold appuyait sa tête sur l'épaule de la reine. Les quatre princesses, groupées autour de leur mère, étaient, les unes assises, les autres couchées sur le tapis.

Acton, sir William, le prince de Castelcicala causaient debout dans l'embrasure d'une fenêtre, écoutant le vent siffler et la pluie battre contre les carreaux.

Un autre groupe de dames d'honneur, parmi lesquelles on distinguait la comtesse de San-Marco, confidente intime de la reine, entouraient une table.

Enfin, loin de tous, à peine visible dans l'obscurité, se dessinait la silhouette de Dick, qui avait si habilement et si fidèlement, ce jour même, suivi les ordres de son maître et de la reine, qu'il pouvait aussi regarder un peu désormais comme sa maîtresse.

A l'entrée du roi, chacun se leva et se tourna de son côté; mais lui fit un signe de la main, afin que chacun restât à sa place.

— Ne vous dérangez point, dit-il, ne vous dérangez point, cela n'en vaut plus la peine.

Et il s'assit dans un fauteuil, près de la porte par laquelle il était entré, prenant entre ses genoux la tête de Jupiter.

A la voix de son père, le jeune prince Albert, qui, peu sympathique à la reine, demandait aux autres cet amour si nécessaire et si précieux aux enfants, qu'il cherchait vainement auprès de sa mère, se laissa glisser des genoux d'Emma et alla présenter au roi son front pâle et un peu maladif, noyé dans une forêt de cheveux blonds.

Le roi écarta les cheveux de l'enfant, le baisa au front, et, après l'avoir, pensif, gardé un instant appuyé contre sa poitrine, le renvoya à Emma Lyonna, que l'enfant appelait sa *petite mère*.

Il se faisait un silence lugubre dans cette salle sombre ; ceux qui parlaient, parlaient bas.

C'était à dix heures et demie que le comte de Thurn, Allemand au service de Naples, mis avec le marquis de Nizza, qui commandait la flotte portugaise, sous les ordres de Nelson, devait, par la poterne et l'escalier du *Colimaçon*, pénétrer dans le palais. Le comte de Thurn avait, à cet effet, reçu une clef des appartements de la reine, qui, par une seule porte, solide, presque massive, communiquait avec cette sortie donnant sur le port militaire.

La pendule, au milieu du silence, sonna donc dix heures et demie.

Presque aussitôt, on entendit frapper à la porte de communication.

Pourquoi le comte de Thurn frappait-il, au lieu d'ouvrir, puisqu'il avait la clef?

Dans les circonstances suprêmes comme celle où l'on se trouvait, tout ce qui, dans une autre situation, ne serait qu'une cause de trouble et d'inquiétude, devient une cause de terreur.

La reine tressaillit et se leva.

— Qu'est-ce encore? dit-elle.

Le roi se contenta de regarder; il ne savait rien des dispositions prises.

— Mais, dit Acton toujours calme et logique, ce ne peut être que le comte de Thurn.

— Pourquoi frappe-t-il, puisque je lui ai donné une clef?

— Si Votre Majesté le permet, dit Acton, je vais aller voir.

— Allez, répondit la reine.

Acton alluma un bougeoir et s'engagea dans le corridor. La reine le suivit des yeux avec anxiété. Le silence, de lugubre qu'il était, devint mortel. Au bout de quelques instants, Acton reparut.

— Eh bien? demanda la reine.

— Probablement, la porte n'avait point été ouverte depuis lontemps : la clef s'est brisée dans la serrure. Le comte frappait pour savoir s'il y a un moyen d'ouvrir la porte du dedans. J'ai essayé, il n'y en a point.

— Que faire, alors?

— L'enfoncer.

— Vous lui en avez donné l'ordre?

— Oui, madame, et voilà qu'il l'exécute.

On entendit, en effet, des coups violents frappés

contre la porte, puis le craquement de cette porte, qui se brisait.

Tous ces bruits avaient quelque chose de sinistre.

Des pas s'approchèrent, la porte du salon s'ouvrit, le comte de Thurn parut.

— Je demande pardon à Vos Majestés, dit-il, du bruit que je viens de faire et des moyens que j'ai été forcé d'employer ; mais la rupture de la clef était un accident impossible à prévoir.

— C'est un présage, dit la reine.

— En tout cas, si c'est un présage, dit le roi avec son bon sens naturel, c'est un présage qui signifie que nous ferions mieux de rester que de partir.

La reine eut peur d'un retour de volonté chez son auguste époux.

— Partons, dit-elle.

— Tout est prêt, madame, dit le comte de Thurn ; mais je demande la permission de communiquer au roi un ordre que j'ai reçu, ce soir, de l'amiral Nelson.

Le roi se leva et s'approcha du candélabre, auprès duquel l'attendait le comte de Thurn un papier à la main.

— Lisez, sire, lui dit-il.

— L'ordre est en anglais, dit le roi, et je ne sais pas l'anglais.

— Je vais le traduire à Votre Majesté.

A l'amiral comte de Thurn.

« Golfe de Naples, 21 décembre.

» Préparez, pour être brûlées, les frégates et les corvettes napolitaines. »

— Comment dites-vous? demanda le roi.

Le comte de Thurn répéta :

« Préparez, pour être brûlées, les frégates et les corvettes napolitaines. »

— Vous êtes sûr de ne point vous tromper? demanda le roi.

— J'en suis sûr, sire.

— Et pourquoi brûler des frégates et des corvettes qui ont coûté si cher et qu'on a mis dix ans à construire?

— Pour qu'elles ne tombent pas aux mains des Français, sire.

— Mais ne pourrait-on pas les emmener en Sicile?

— Tel est l'ordre de milord Nelson, sire, et c'est pour cela qu'avant de transmettre cet ordre au marquis de Nizza, qui est chargé de son exécution, j'ai voulu le soumettre à Votre Majesté.

— Sire, sire, dit la reine en s'approchant du roi, nous perdons un temps précieux, et pour des misères!

— Peste, madame! s'écria le roi, vous appelez

cela des misères? Consultez le budget de la marine depuis dix ans, et vous verrez qu'il monte à plus de cent soixante millions.

— Sire, voilà onze heures qui sonnent, dit la reine, et milord Nelson nous attend.

— Vous avez raison, dit le roi, et milord Nelson n'est pas fait pour attendre, même un roi, même une reine. Vous suivrez les ordres de milord Nelson, monsieur le comte, vous brûlerez ma flotte. Ce que l'Angleterre n'ose pas prendre, elle le brûle. Ah! mon pauvre Caracciolo, que tu avais bien raison, et que j'ai eu tort, moi, de ne pas suivre tes conseils! Allons, messieurs, allons, mesdames, ne faisons point attendre milord Nelson.

Et le roi, prenant le bougeoir des mains d'Acton, marcha le premier; tout le monde le suivit.

Non-seulement la flotte napolitaine était condamnée, mais encore le roi venait de signer son exécution.

Nous avons, depuis ce 21 décembre 1798, vu tant de fuites royales, que ce n'est presque plus la peine aujourd'hui de les décrire. Louis XVIII quittant les Tuileries, le 20 mars, — Charles X fuyant, le 29 juillet, — Louis-Philippe s'esquivant, le 24 février, — nous ont montré une triple variété de ces départs forcés. Et, de nos jours, à Naples, nous avons vu le petit-fils sortir par le même corridor, descendre le même escalier que l'aïeul et quitter pour le sol amer de l'exil la terre bien-aimée de la patrie. Seulement, l'aïeul devait revenir, et, selon toute probabilité, le petit-fils est proscrit à tout jamais.

Mais, à cette époque, c'était Ferdinand qui ouvrait la voie à ces départs nocturnes et furtifs. Aussi marchait-il silencieux, l'oreille tendue, le cœur palpitant. Arrivé au milieu de l'escalier, en face d'une fenêtre donnant sur la descente du Géant, il crut entendre du bruit sur cette descente, qui conduit, par une pente rapide, de la place du Palais à la rue Chiatamone. Il s'arrêta et, le même bruit parvenant une seconde fois à son oreille, il souffla sa bougie, et tout le monde se trouva dans l'obscurité.

Il fallut alors descendre à tâtons et pas à pas l'escalier étroit et difficile dans lequel on était engagé. L'escalier, sans rampe, était roide et dangereux. Cependant, l'on arriva à la dernière marche sans accident, et l'on sentit une franche et humide bouffée de l'air extérieur.

On était à quelques pas de l'embarcadère.

Dans le port militaire, la mer, emprisonnée entre la jetée du môle et celle du port marchand, était assez calme; mais on sentait le vent souffler avec violence, et l'on entendait le bruit des flots venant furieusement se briser contre le rivage.

En arrivant sur l'espèce de quai qui longe les murailles du château, le comte de Thurn jeta un regard rapide et interrogateur sur le ciel. Le ciel était chargé de nuages lourds, bas, rapides; on eût dit une mer aérienne roulant au-dessus de la mer terrestre et s'abaissant pour venir mêler ses vagues aux siennes. Dans cet étroit intervalle existant entre les nuages et l'eau, passaient des bouffées de ce terrible vent du sud-ouest qui fait les naufrages et les désastres, dont le golfe de Naples est si souvent témoin dans les mauvais jours de l'année.

Le roi remarqua le coup d'œil inquiet du comte de Thurn.

— Si le temps était trop mauvais, lui dit-il, il ne faudrait pourtant pas nous embarquer cette nuit.

— C'est l'ordre de milord, répondit le comte; cependant, si Sa Majesté s'y refuse absolument...

— C'est l'ordre! c'est l'ordre! répéta le roi, impatient; mais s'il y a péril de vie cependant! Voyons, répondez-vous de nous, comte?

— Je ferai tout ce qui sera au pouvoir d'un homme luttant contre le vent et la mer pour vous conduire à bord du *Van-Guard*.

— Mordieu! ce n'est pas répondre, cela. Vous embarqueriez-vous par une pareille nuit?

— Votre Majesté le voit, puisque je n'attends qu'elle pour la conduire à bord du vaisseau amiral.

— Je dis : si vous étiez à ma place.

— A la place de Votre Majesté, et n'ayant d'ordre à recevoir que des circonstances et de Dieu, j'y regarderais à deux fois.

— Eh bien, demanda la reine impatiente, mais n'osant — tant est puissante la loi de l'étiquette — descendre dans la barque avant son mari, eh bien, qu'attendons-nous?

— Ce que nous attendons? s'écria le roi. N'entendez-vous point ce que dit le comte de Thurn? Le temps est mauvais; il ne répond pas de nous, et il n'y a pas jusqu'à Jupiter qui, en tirant sur sa laisse, ne me donne le conseil de rentrer au palais.

— Rentrez-y donc, monsieur, et faites-nous déchirer tous comme vous avez vu déchirer aujourd'hui un de vos plus fidèles serviteurs. Quant à moi, j'aime encore mieux la mer et les tempêtes que Naples et sa population.

— Mon fidèle serviteur, je le regrette plus que personne, je vous prie de le croire, surtout maintenant que je sais que penser de sa mort. Mais, quant à

Naples et à sa population, ce n'est pas moi qui aurais quelque chose à en craindre.

— Oui, je sais cela. Comme elle voit en vous son représentant, elle vous adore. Mais, moi qui n'ai pas le bonheur de jouir de ses sympathies, je pars.

Et, malgré le respect dû à l'étiquette, la reine descendit la première dans le canot.

Les jeunes princesses et le prince Léopold, habitués à obéir à la reine, bien plus qu'au roi, la suivirent comme de jeunes cygnes suivent leur mère.

Le jeune prince Albert, seul, quitta la main d'Emma Lyonna, courut au roi, et, le saisissant par le bras et le tirant du côté de la barque :

— Viens avec nous, père ! dit-il.

Le roi n'avait l'habitude de la résistance que lorsqu'il était soutenu. Il regarda autour de lui pour voir s'il trouverait appui dans quelqu'un ; mais, sous son regard, qui contenait cependant plus de prières que de menaces, tous les yeux se baissèrent. La reine avait, chez les uns la peur, chez les autres l'égoïsme pour auxiliaire. Il se sentit complétement seul et abandonné, courba la tête, et, se laissant conduire par le petit prince, tirant son chien, le seul qui fût d'avis, comme lui, de ne pas quitter la terre, il descendit à son tour dans la barque et s'assit sur un banc à part, en disant :

— Puisque vous le voulez tous... Allons, viens, Jupiter, viens !

A peine le roi fut-il assis, que le lieutenant qui, pour la barque du roi, tenait lieu de contre-maître, cria :

— Larguez !

Deux matelots armés de gaffes repoussèrent la barque du quai, les rames s'abaissèrent, et la barque nagea vers la sortie du port.

Les canots destinées à recevoir les autres passagers s'approchèrent tour à tour de l'embarcadère, y prirent leur noble chargement et suivirent la barque royale.

Il y avait loin de cette sortie furtive, dans la nuit, malgré les sifflements de la tempête et les hurlements des flots, à cette joyeuse fête du 22 septembre, où, sous les ardents rayons d'un soleil d'automne, par une mer unie, au son de la musique de Cimarosa, au bruit des cloches, au retentissement du canon, on était allé au-devant du vainqueur d'Aboukir. Trois mois à peine, s'étaient passés, et c'était pour fuir ces Français, dont on avait d'une façon trop précoce célébré la défaite, que l'on était obligé, à minuit, dans l'ombre, par une mer mauvaise, d'aller demander l'hospitalité au même *Van-Guard* que l'on avait reçu en triomphe.

Maintenant, il s'agissait de savoir si l'on pourrait l'atteindre.

Nelson s'était rapproché de l'entrée du port autant que la sûreté de son vaisseau pouvait le lui permettre ; mais il restait toujours un quart de mille à franchir entre le port militaire et le vaisseau amiral. Dix fois, pendant ce trajet, les barques pouvaient sombrer.

En effet, plus la barque royale, — et l'on nous permettra, dans cette grave situation, de nous occuper tout particulièrement d'elle, — plus la barque royale s'avançait vers la sortie du port, plus le danger apparaissait réel et menaçant. La mer, poussée comme nous avons dit, par le vent du sud-ouest, c'est-à-dire venant des rivages d'Afrique et d'Espagne, passant entre la Sicile et la Sardaigne, entre Ischia et Capri, sans rencontrer aucun obstacle, depuis les îles Baléares jusqu'au pied du Vésuve, roulait d'énormes vagues qui, en se rapprochant de la terre, se repliaient sur elles-mêmes et menaçaient d'engloutir ces frêles embarcations sous les voûtes humides, qu dans l'obscurité semblaient des gueules de monstres prêtes à les dévorer.

En approchant de cette limite où l'on allait passer d'une mer comparativement calme à une mer furieuse, la reine elle-même sentit son cœur faiblir et sa résolution chanceler. Le roi, de son côté, muet et immobile, tenant son chien entre ses jambes en le serrant convulsivement par le cou, regardait d'un œil fixe et dilaté par la terreur ces longues vagues qui venaient, comme une troupe de chevaux marins, se heurter au môle, et, se brisant contre l'obstacle de granit, s'écrouler à ses pieds en jetant une plainte sinistre et en faisant voler par-dessus la muraille une écume impalpable et frémissante, qui, dans l'obscurité, semblait une pluie d'argent.

Malgré cette terrible apparition de la mer, le comte de Thurn, fidèle observateur des ordres reçus, essaya de franchir l'obstacle et de dompter la résistance. Debout à l'avant de la barque, cramponné au plancher, grâce à cet équilibre du marin que de longues années de navigation peuvent seules donner, faisant face au vent qui avait enlevé son chapeau et à la mer qui le couvrait de son embrun, il encourageait les rameurs par ces trois mots répétés de temps en temps avec une monotone mais ferme accentuation :

— Nagez ferme! nagez!

La barque avançait.

Mais, arrivée à cette limite que nous avons indiquée, la lutte devint sérieuse. Trois fois, la barque victorieuse surmonta la vague et glissa sur le versan. opposé; mais trois fois la vague suivante la repoussat

Le comte de Thurn comprit lui-même que c'était de la démence que de lutter avec un pareil adversaire et se détourna pour demander au roi :

— Sire, qu'ordonnez-vous?

Mais il n'eut pas même le temps d'achever la phrase. Pendant le mouvement qu'il fit, pendant la seconde qu'il eut l'imprudence d'abandonner la conduite du bateau, une vague, plus haute et plus furieuse que les autres, s'abattit sur l'embarcation et la couvrit d'eau. La barque frémit et craqua. La reine et les jeunes princes, qui crurent leur dernière heure venue, jetèrent un cri; le chien poussa un hurlement lugubre.

— Rentrez! cria le comte de Thurn; c'est vouloir tenter Dieu que de prendre la mer par un pareil temps. D'ailleurs, vers les cinq heures du matin, il est probable que la mer se calmera.

Les rameurs, évidemment enchantés de l'ordre qui leur était donné, par un brusque mouvement, se rejetèrent dans le port et allèrent aborder à l'endroit du quai le plus voisin de la passe.

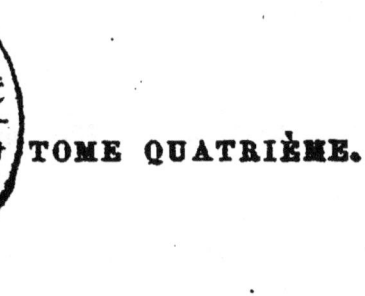

FIN DU TOME QUATRIÈME.

TABLE

LVI. —	Le retour.	1
LVII. —	Les inquiétudes de Nelson.	22
LVIII. —	Tout est perdu, voire l'honneur.	36
LIX. —	Où Sa Majesté commence par ne rien comprendre et finit par n'avoir rien compris.	51
LX. —	Où Vanni touche enfin le but qu'il ambitionnait depuis si longtemps.	68
LXI. —	Ulysse et Circé	82
LXII. —	L'interrogatoire de Nicolino.	98
LXIII. —	L'abbé Pronio.	117
LXIV. —	Un disciple de Machiavel	135
LXV. —	Où Michel le Fou est nommé capitaine en attendant qu'il soit nommé colonel.	149
LXVI. —	Amante, épouse.	167
LXVII. —	Les deux amiraux.	184
LXVIII. —	Où est expliquée la différence qu'il y a entre les peuples libres et les peuples indépendants	202
LXIX. —	Les brigands.	218
LXX. —	Le souterrain.	231
LXXI. —	La légende du mont Cassin	243
LXXII. —	Le frère Joseph.	259
LXXIII. —	Le père et le fils.	269
LXXIV. —	La réponse de l'empereur.	281
LXXV. —	La fuite.	233

FIN DE LA TABLE DU TOME QUATRIÈME

www.ingramcontent.com/pod-product-compliance
Lightning Source LLC
Chambersburg PA
CBHW071246160426